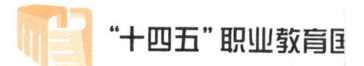

心理学基础

（第三版）

主编 蒙雅萍 邹玉玲

中国教育出版传媒集团
高等教育出版社·北京

内容提要

本教材为"十四五"职业教育国家规划教材,为全面贯彻落实"国家职业教育改革实施方案"精神,适应卫生职业教育改革需求,依据教育部职业教育医药卫生类专业教学标准和专业相关行业标准,结合本课程近几年的实际教学情况,在第二版的基础上修订而成。

本教材共有十个单元,内容包括绪论、认知过程、情绪与情感、行为的调节与控制、人格、心理发展与心理卫生、心理防御与心理应激、心理评估、心理咨询与心理治疗、心理护理等内容。秉承上一版教材的优点与体系,本教材针对职业院校学生的认知发展规律和医学学科的专业特点,突出应用性内容;对接国家护士执业资格考试、国家执业药师资格考试等相关知识点,重视学生能力培养;教材内容力求与临床工作相结合,体现工作岗位需要;新版教材注重将思政元素融入教材,激发学生的职业自豪感及学习热情。本教材配套数字化教学资源,可扫描书中二维码或登录高等教育出版社 Abook 新形态教材网(http://abook.hep.com.cn)获取相关资源。

本教材可供全国医药卫生职业院校使用,也可供临床工作者参考使用。

图书在版编目(CIP)数据

心理学基础 / 蒙雅萍,邹玉玲主编. --3 版. -- 北京:高等教育出版社,2021.8（2023.8重印）
ISBN 978-7-04-056195-1

Ⅰ.①心… Ⅱ.①蒙…②邹… Ⅲ.①心理学 - 中等专业学校 - 教材 Ⅳ.①B84

中国版本图书馆 CIP 数据核字(2021)第 111542 号

Xinlixue Jichu

| 策划编辑 | 崔 博 | 责任编辑 | 崔 博 | 封面设计 | 李小璐 | 版式设计 | 徐艳妮 |
| 插图绘制 | 李沛蓉 | 责任校对 | 张 薇 | 责任印制 | 高 峰 | | |

出版发行	高等教育出版社	网 址	http://www.hep.edu.cn
社 址	北京市西城区德外大街4号		http://www.hep.com.cn
邮政编码	100120	网上订购	http://www.hepmall.com.cn
印 刷	北京新华印刷有限公司		http://www.hepmall.com
开 本	889mm×1194mm 1/16		http://www.hepmall.cn
印 张	11.25	版 次	2005年4月第1版
字 数	220千字		2021年8月第3版
购书热线	010-58581118	印 次	2023年8月第2次印刷
咨询电话	400-810-0598	定 价	26.80元

本书如有缺页、倒页、脱页等质量问题,请到所购图书销售部门联系调换
版权所有 侵权必究
物 料 号 56195-A0

心理学基础(第三版)
编写委员会

主　　编　蒙雅萍　邹玉玲

副 主 编　刘　巧　杨春英

编　　者（以姓氏笔画为序）

　　　　　　刘　巧（秦皇岛市卫生学校）

　　　　　　孙　妩（黑龙江省林业卫生学校）

　　　　　　杨春英（安徽省淮北卫生学校）

　　　　　　邹玉玲（广东省湛江卫生学校）

　　　　　　张　颖（衡水卫生学校）

　　　　　　钟锦铭（广东黄埔卫生职业技术学校）

　　　　　　姜欣悦（南京卫生高等职业技术学校）

　　　　　　高　珩（西安市卫生学校）

　　　　　　蒙雅萍（西安市卫生学校）

编写秘书　高　珩

心理学基础（第三版）
数字化资源编写委员会

主　　编　邹玉玲　蒙雅萍

副 主 编　刘　巧　杨春英

编　　者（以姓氏笔画为序）

　　　　　刘　巧（秦皇岛市卫生学校）

　　　　　孙　妩（黑龙江省林业卫生学校）

　　　　　杨春英（安徽省淮北卫生学校）

　　　　　邹玉玲（广东省湛江卫生学校）

　　　　　张　颖（衡水卫生学校）

　　　　　张煜桐（沧州医学高等专科学校）

　　　　　陈奕妙（广东省湛江卫生学校）

　　　　　钟锦铭（广东黄埔卫生职业技术学校）

　　　　　姜欣悦（南京卫生高等职业技术学校）

　　　　　高　珩（西安市卫生学校）

　　　　　蒙雅萍（西安市卫生学校）

编写秘书　陈奕妙

第三版前言

本教材为"十四五"职业教育国家规划教材。本教材为全面贯彻党的二十大和《中华人民共和国职业教育法》精神，贯彻党的教育方针，落实立德树人根本任务，适应卫生职业教育改革需求，并参照相关最新国家职业技能标准和行业技能鉴定规范，结合本课程近几年的实际教学情况在第二版的基础上修订而成，可供全国医药卫生职业院校使用。

《心理学基础》自 2005 年出版以来，获评中等职业教育国家规划教材、"十四五"职业教育国家规划教材，深受广大师生好评。本次修订继承了上一版教材的优点与体系，同时注入新的编写理念，更新了教材内容；针对职业学校学生的认知发展规律和医学学科的专业特点，适当删减了部分理论性内容，突出了应用性的内容；对接国家护士执业资格考试、国家执业药师资格考试等相关知识点，重视学生能力培养、突出实用性、科学性和趣味性；教材内容力求与临床工作相结合，体现工作岗位需要。教材注重课程思政元素融入，落实立德树人，发挥课程育人功能，激发学生的职业自豪感及学习热情；强化理论与实践相结合，立体化建设数字化教学资源融入，突出了实践性和互动性，将教学与职业岗位对接。

本教材具有以下特点：① 体例新颖，纸质教材与数字化资源相结合，将重点、难点和知识拓展等立体化呈现，有助于学生学习，激发学习兴趣；② 整体优化，将学习目标、案例导入、知识拓展、课堂互动、单元测试等更新并优化，丰富教学内容；③ 立体化建设，创新建设了网络增值服务，配套建设教学课件、教案、视频、图片等资源，为学生学习和教师教学提供了强有力的支撑，可扫描书中二维码或登录高等教育出版社 Abook 新形态教材网（http://abook.hep.com.cn）获取相关资源。详细使用方法见本教材最后一页"郑重声明"下方的"学习卡账号使用说明"。

本教材在编写过程中得到了西安市卫生学校、广东省湛江卫生学校、秦皇岛市卫生学校、安徽省淮北卫生学校、南京卫生高等职业技术学校、广东黄埔卫生职业技术学校、黑龙江省林业卫生学校和衡水卫生学校等单位的大力支持，以及临床一线工作者的帮助，在此表示诚挚的谢意！

由于编写时间紧，水平有限，教材难免存在不当之处，恳请广大师生在使用过程中多提宝贵意见和建议，以便再版时修订。本教材读者意见反馈邮箱：zz_dzyj@pub.hep.cn。

蒙雅萍　邹玉玲
2023 年 7 月

第一版前言

《医学心理学基础》是根据教育部《2004—2007年职业教育教材开发编写计划》的精神编写而成的。在编写过程中始终贯彻"以就业为导向,以能力为本位,面向市场,面向社会,为经济结构调整和科技进步服务,为就业和再就业服务"的指导思想,把提高学生自身的心理素质和职业能力放在突出的位置。在理论知识的取舍上本着够用为度,采集并精选了大量案例分析,突出了心理学技能的培养;在结构设计上,参考现代心理学体系安排章节内容,体现时代性和先进性原则;在教材格式的设计上,紧紧抓住学生的认知特点和规律,采取学生喜闻乐见的方式进行编排,以体现启发性、趣味性原则,增强了教材的可读性。

本书共14章:第一章　总论(秦爱军、盛秋鹏编写),主要介绍医学心理学概念、学科性质、医学心理学基本理念和医学心理学主要学派;第二章　心理现象与心理实质(秦爱军、刘艳红编写),主要介绍心理现象及其实质;第三章　认知过程(刘艳红、吴斌编写),主要介绍认知过程的心理现象、规律和学习能力开发的方法;第四章　情绪与情感(范振生编写),主要介绍情绪情感的概念以及情绪对健康的影响;第五章　行为的调节与控制(范振生、詹泽群编写),主要介绍个体行为的动力系统(即需要、动机等)和行为的意志调节系统;第六章　人格(吴斌编写),主要介绍人格的概念、特征以及良好人格的塑造;第七章　心理发展与心理卫生(盛秋鹏编写),主要介绍心理发展的一般规律和特征,心理卫生工作的原则、方法以及各年龄段的心理卫生问题;第八章　心理防御与心理应激(李凤霞编写),主要介绍挫折与防御机制理论、应激理论以及心理应激对健康的影响;第九章　变态心理(罗华、盛秋鹏编写),主要介绍心理异常的成因、表现以及神经症、性变态等心理疾病;第十章　心身疾病(罗华编写),主要介绍心身疾病的原因、理论模式以及几种主要的心身疾病的诊治;第十一章　心理评估(李英编写),主要介绍临床心理诊断技能和几种著名的心理测验;第十二章　心理咨询与心理治疗(齐文丽编写),主要介绍心理咨询和治疗的理论、方法及注意事项;第十三章　心理护理(詹泽群编写),主要介绍心理护理的程序和方法以及影响心理护理效果的因素;第十四章　医患关系(邹淑珍编写),主要介绍医学临床领域特殊的人际关系及其相互作用中的心理活动规律。本教材教学建议使用54学时。其中1—6章的心理学基础知识部分28学时,7—14章的医学心理学部分26学时。另外,由于医学相关专业的特点

第一版前言

不同,在实际教学中各校可依据实际情况酌情删减有关内容。

本书在编写过程中得到了高等教育出版社、石家庄卫生学校、六安卫生学校、江西卫生职业技术学院、张家口教育学院、济南卫生学校、邵阳医学高等专科学校、邢台医学高等专科学校、吉林市卫生学校等单位的鼎力支持和密切合作,在此,一并表示诚挚的感谢!

虽然本书在教学改革方面做了一些有益的尝试,但由于编写人员水平有限,且时间紧迫,尚有许多不足之处,敬请广大同仁和读者在使用过程中不吝赐教,使之日臻完善。

编者
2005年2月

目 录

第一单元　绪论 ································· 001
　第一节　心理学与医学心理学 ········· 001
　第二节　心理现象与心理实质 ········· 005
　单元测试 ······································· 009

第二单元　认知过程 ··························· 010
　第一节　感觉和知觉 ······················ 010
　第二节　记忆 ································ 016
　第三节　思维 ································ 022
　第四节　注意 ································ 034
　单元测试 ······································· 042

第三单元　情绪与情感 ························ 043
　第一节　概述 ································ 043
　第二节　情绪与情感的分类 ············ 047
　第三节　情绪的生理机制与外部表现 ··· 050
　第四节　情绪与健康 ······················ 054
　单元测试 ······································· 058

第四单元　行为的调节与控制 ············· 059
　第一节　行为的动力系统 ················ 059
　第二节　行为的意志调节 ················ 064
　第三节　意志的品质与培养 ············ 067
　单元测试 ······································· 070

第五单元　人格 ································· 072
　第一节　概述 ································ 072
　第二节　气质 ································ 075
　第三节　性格 ································ 084
　单元测试 ······································· 089

第六单元　心理发展与心理卫生 ········· 091
　第一节　心理发展 ·························· 091
　第二节　心理卫生 ·························· 096
　第三节　不同年龄阶段的心理
　　　　　卫生问题 ·························· 099
　单元测试 ······································· 109

第七单元　心理防御与心理应激 ········· 110
　第一节　挫折与心理防御机制 ········· 110
　第二节　心理应激 ·························· 116
　单元测试 ······································· 124

第八单元　心理评估 ··························· 125
　第一节　概述 ································ 125
　第二节　心理测验 ·························· 128
　第三节　临床常用心理测验 ············ 131
　单元测试 ······································· 138

目录

第九单元 心理咨询与心理治疗 ……… 139
   第一节 心理咨询 ……………… 140
   第二节 心理治疗 ……………… 146
   第三节 危机干预 ……………… 154
   单元测试 ……………………… 159

第十单元 心理护理 ……………… 161
   第一节 概述 …………………… 161
   第二节 心理护理的程序与方法 …… 164
   单元测试 ……………………… 167

第一单元

绪论

学习目标

1. 掌握：心理学、医学心理学、心理现象等基本概念。
2. 熟悉：心理现象的结构。
3. 了解：心理学、医学心理学的研究对象和任务。
4. 学会应用医学心理学的基本观点；全面整体地认识人类的健康。

第一节 心理学与医学心理学

通过学习本节，你将初步了解心理学及医学心理学的概念，了解心理学在医学体系中的地位；初步领悟医学心理学的基本理念，为你提供一个看待人、看待疾病的新视角。

案例导入

心理视角

提到心理学，人们总觉得有些神秘之处。所谓"画虎画皮难画骨，知人知面不知心"，而心理学却能把大家认为不可知的"心"都了解……有的人会认为心理学是一门了不起的"测心术"，这给心理学蒙上了神秘的面纱。其实，这些看法都是在不了解科学心理学的基础上产生的，难免存在一定偏颇。感觉、注意、记忆、情感、性格、焦虑、郁闷……凡此种种的心理现象或事件，我们每个人都很熟悉。不同学科是从不同的角度看待心理现象的。那么心理学家又是从什么角度来探讨心理现象的呢？

一、概念与学科体系

(一) 概念

心理学是研究人的心理现象及其规律的科学。心理现象包括心理过程和人格特征两个方面。心理学主要研究心理活动过程及其机制、人格的形成及其机制、心理过程与人格特征的关系等方面的规律性。心理学既是理论科学又是应用科学,既属于社会科学,又属于自然科学;是自然科学和社会科学发展到一定阶段的交叉学科。

医学心理学是将心理学的理论和技能应用于医学领域,研究人的心理因素在健康和疾病及其相互转化过程中的作用及其规律的科学。医学和心理学是从不同角度研究人类自身发展规律的两门学科。医学是研究人体的健康和疾病及其相互转化规律的学科,心理学是研究人的心理现象及其活动规律的学科,医学心理学则是这两门学科的交叉学科。

知识拓展

心理学作为一门独立的学科始于1874年,德国的哲学家、生理学家威廉·冯特(图1-1)发表了《生理心理学的原理》,在序言里大胆宣称:"要建立一个新的科学领域",冯特也因此被称为"心理学之父"。1875年,莱比锡大学聘冯特为教授;1879年,他在莱比锡大学建立世界上第一个心理实验室,标志着科学心理学的诞生。冯特也是第一个把自己称为心理学家的人。

图1-1 科学心理学的奠基人——冯特

(二) 学科体系

心理学的学科范围包括基础理论研究和应用研究两大领域。基础领域的研究主要揭示心理现象的发生、发展及其活动规律;应用领域则涉及人类实践活动的各个方面,如管理、教育、医疗、运动、军事、司法、人机工程等。

医学心理学的分支学科主要有以下几个。

1. 临床心理学　临床心理学是对整个医疗过程中的各种心理因素进行分析研究,并应用心理学技术对这些心理因素进行评估和对心理问题进行矫正,主要解决临床心理咨询、心理诊断、心理治疗以及身心健康和病人心理问题。

2. 变态心理学　变态心理学又称病理心理学,主要研究异常心理活动和行为发生、发展、变化的原因和规律,探讨鉴别、评定异常心理的方法以及矫正和预防的措施。

3. 神经心理学　神经心理学研究人的高级神经功能与行为的关系,研究各种心理活动的大脑机制问题。

4. 护理心理学　护理心理学研究护理工作中的心理学问题,指导护理人员根据病人的心理需要和疾病状态下的心理活动特点做好心理护理,使病人达到有利于治疗和康复的最佳心身状态。

5. 健康心理学　健康心理学是将心理学的知识应用于预防医学,研究如何维护和促进人们的心理健康,并向正常人群进行健康教育。

二、研究对象与任务

(一) 心理学的研究对象与任务

心理学的研究对象是人的心理现象,包括人的心理活动的发生、发展,心理活动的特点及规律,心理活动内部与外部的关系等。心理学研究的基本任务是认识并揭示心理现象的发生、发展及其规律。包括:研究客观世界与人的心理的关系,即人的心理是如何反映客观世界的;研究脑与心理的关系,探讨心理过程的神经生理机制;研究心理过程与人格特征的相互作用和相互影响的关系;研究心理与行为之间的相互关系等。

(二) 医学心理学的研究对象与任务

医学心理学以人的心理活动与健康、疾病之间的关系为研究对象,包括:① 人的心理行为的生物学和社会学基础,及其对健康和疾病的意义;② 人的心理与生理之间相互作用的规律;③ 人的情绪和个性等心理行为因素,在保持健康和疾病发生、发展变化中的影响及作用;④ 各种疾病过程中的心理变化及其影响;⑤ 心理学的知识如何应用于诊疗、预防和康复之中。

医学心理学研究的基本任务是将心理学的理论、技术应用于医学领域,探讨心理社会因素对健康和疾病的作用规律,全面阐明健康和疾病的本质,深刻揭示战胜疾病和维护健康的科学原则,寻找更多、更有效的防治疾病的途径和方法,提高医疗质量,维护和促进人们的身心健康。

三、研究方法

心理学与医学心理学的研究方法有很多种,具体有以下分类。

1. 根据研究涉及的时间分类

(1) 横断研究:通常选取几组在某些方面匹配的被试在同一时间内进行观察和评定,或者进行不同的处理及治疗,并比较其效果和副作用。

(2) 纵向研究:指对同一个或同一组对象在指定的时间内进行追踪研究。可用于对同一个人的个案研究,也可用来观察、测量和评定被选取的一组人在一段时间内所发生的变化。

(3) 回顾研究:是由现在看过去,将现在同过去联系起来的研究。这种研究可用于深入细致的个案研究,也可用来评定既往的某种变量或因素在一组人或一种疾病中的作用。

(4) 前瞻研究:是由现在开始探索未来的研究,其目的是预见。由于科学真理的核心是可重复的预见,因此前瞻研究是很有价值的研究方法。

2. 根据研究的手段分类

(1) 观察法:指在完全自然或不加控制的条件下,对人的可观察到的行为进行观测和记录。优点是简便、易行,可得到许多基本的、比较真实的资料;不足是不适于准确评定人的认知和情感,常带有主观性和偶然性;某些行为的观察是不现实、不可能或不道德的。

(2) 调查法:是借助于会见、问卷或调查表了解一组人的态度、意见和行为的一种研究方法。调查法除了可收集到病人的自我报告资料外,还可以面对面直接观察。不足是需投入较多的人力和时间,某些被调查者不习惯面对面,导致收集的资料不真实。

(3) 测验法:是利用心理测验来测量和评定个体的能力、态度、性格、成就和情绪状态等的一种研究和诊断方法,它要求向被试者呈现某种一致的情景或问题,搜集他们的自我报告或回答,然后根据统一的标准计分,并将得分同个体间的有关差别联系起来。

(4) 个案法:是对某现象的一个特例进行详细深入的调查研究的一种研究方法,主要用于了解和帮助有心理问题或障碍的病人。个案研究者往往希望通过研究个案,从中推出有关现象的一般原则。

(5) 相关法:是考查两个变量间是否有联系的一种研究方法与统计技术。两个变量间有相关关系,意味着当其中一个变量的值改变时,另一个变量的值也发生某种变化。但这并不意味着因果关系。相关关系只表明一起变化,至于造成变化的原因,相关研究一般不能回答。

(6) 实验法:是在控制的条件下观察、测量和记录个体行为的一种研究方法,也是科学研究中应用最广、成效最大的一种方法。它最常被用于实验室中,也可用于临床研究中。主要特点是在控制的条件下,实验者系统地操纵或改变一个或几个变量,观察、测量和记录对其他变量的影响。

四、基本观点

心理学发展至今,有很多流派,如精神分析学派、行为主义、人本主义、认知理论与认识心理治疗。每个学派都有自己的基本观点。具体到医学心理学可概括为以下基本观点。

1. 心身统一的观点　一个完整的个体应包括心、身两个部分,二者相互影响,不可分割。人的心理活动都是建立在生理活动基础之上的,对外界环境的刺激,心与身是作为一个整体来反应的。任何心理反应总是伴随相应的躯体变化,任何躯体变化也都伴随相应的心理反应。因而在研究人的健康和疾病问题时,不仅要重视躯体问题,而且要重视心理问题,要把人作为身心统一的有机整体来看待。

2. 人与环境统一的观点　一个完整的个体不仅是生物的人,而且是社会的人。首先,人体是一个纵横交错的立体网络系统,由"细胞—组织—器官—系统"等特定结构方式有机结合起来,形成一个自我更新、自我复制的开放系统;其次,人类和环境又构成一个有机的统一体"人类—环境系统";最后,"人类—环境—社会"是相互协调的有机整体。因此,在研究健康和疾病问题时,必须充分考虑个体所处的自然环境和社会环境的影响。

3. 认知与自我评价的观点　心理社会因素能否影响健康或导致疾病,还取决于个体对外界刺激怎样认知和评价。如生活中遭遇婚姻变故、恋爱失败,工作中发生失误等,有的人悲观沮丧,精神压力大而损害健康;有的人吸取教训,振奋精神奋发图强。社会生活事件必须通过人的认知评价,形成心理刺激后,才能引起身心两方面的反应,才能对健康或疾病产生影响。

4. 主动适应与调节的观点　人在成长发育过程中,逐渐对外界事物形成了一个特定的反应模式,使其在与周围人和事的交往中,保持着动态平衡。其中心理的主动适应和调节是使个体行为与外界保持相对和谐一致的主要因素,是个体保持健康和抵御疾病的重要力量。

第二节　心理现象与心理实质

案例导入

奇怪的现象

生活中人人都会做梦,梦既真实又虚幻,在梦中能够感觉到疼痛,能够见到逝者,在

第一单元　绪论

> 梦境里我们能上天入海,穿越时空,自由飞翔;比如,白天有一件事令你特别兴奋,临睡前你还在想着这件事,当大脑其他的神经细胞都休息了,这一部分神经细胞还在兴奋,你就会做一个内容相似的梦,正所谓"日有所思,夜有所梦",这是属于心理现象,还是想象,这是一种什么心理现象? 它与客观事物有什么关系呢?

人的心理是自然界的奇迹,自古以来人们就想探明它的究竟,然而至今人们仍被那些扑朔迷离的现象所迷惑。心理活动是"心"的活动吗? 它又是怎样产生发展的呢? 它是可以离开躯体独立存在的灵魂吗? 通过本节的学习,你将会有以下两个方面的收获:对纷繁复杂的心理现象有一个较为清晰的认识;了解心理活动的物质基础以及它和客观现实的关系,从而揭开心理现象的神秘面纱。

一、心理现象

心理现象也称心理活动,是生命活动过程中的精神表现形式。它与物质现象不同,是一个复杂的、多水平的反映系统,包括有意识的自觉的反映形式和无意识的自发的反映形式;既有生理水平、行为水平的反映,又有个体水平、群体社会水平的反映。人们无论从事什么活动都伴随有心理现象,它出现在人们活动的每个瞬间。

心理现象纷繁复杂,是生命活动过程中的高级运动形式,其结构包括相互联系的两大方面,即反映心理活动的共性方面——心理过程;反映心理活动的差异性方面——人格。如图1-2所示。

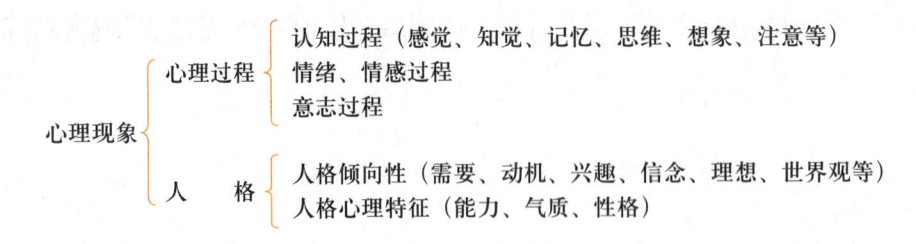

```
                     ┌ 认知过程（感觉、知觉、记忆、思维、想象、注意等）
            ┌ 心理过程 ┤ 情绪、情感过程
            │        └ 意志过程
心理现象 ┤
            │        ┌ 人格倾向性（需要、动机、兴趣、信念、理想、世界观等）
            └ 人  格  ┤
                     └ 人格心理特征（能力、气质、性格）
```

图1-2　心理现象结构示意图

认知过程是信息的输入、加工、储存和提取的过程,也就是人脑对客观事物的现象和本质的反映过程。这一过程是通过感觉、知觉、记忆、思维等活动实现的。注意是伴随其他认知过程出现的一种意识状态,保证心理过程的顺利进行。情绪、情感过程是个体的需要与客观事物之间关系的体验,如喜、怒、哀、乐、爱、悔恨、自责、成就感、自豪感、美感等。意志过程实现着对自身行动的调节和控制,并根据目的调节支配自身的行动,克服困难,去实现预定目标。

人格也可称个性,是指一个人整个精神面貌,即具有一定倾向性的和比较稳定的心理特征的总和,主要包括人格倾向性和人格心理特征。人格倾向性的形成与后天社会环境及实践活动相关,表现在个体的需要、动机、兴趣、信念、理想、世界观等方面;人格心理特征是表现一个人本质的、稳定的心理特征系统。其主要包括:能力,即完成某种活动的潜在可能性的特征;气质,心理活动的动力特征;性格,完成活动任务的态度和行为方式的特征。

自我意识又称自我调控系统,是个人对自己的一种意识形式,其意义是对人格的各个构成部分进行调控,保持人格的协调完整统一。由自我认识、自我体验和自我调控等构成。如对自己的心理特点、人格品质、能力和自身社会价值等方面的自我认识和自我评价;对自我情绪情感的体验,如自豪、自爱、自卑和自暴自弃等;对自身的心理和行为的主动掌握和调控。初生婴儿是没有自我意识的。自我意识的产生和发展过程是个体不断社会化的过程,也是人格特征形成的过程。

课堂互动

你认识自己吗?

二、心理实质

辩证唯物主义对心理的实质做出科学的阐述:脑是心理的器官,心理是脑的功能,是客观现实的主观反映。

(一)脑是心理的器官,心理是脑的功能

许多学者认为,心理的发展水平可能与脑重量有关。但是,心理和智能的发展水平并不直接取决于脑的绝对重量,否则世界上最聪明的动物就应该是鲸(脑重量 7 000 g)和大象(脑重量 5 000 g)了。成人脑的平均重量为 1 400 g。因此有些学者提出脑重指数(脑重与体重的比例)的概念,这比单独提供脑重更能客观地反映脑与心理发展水平的关系。研究表明,人类的脑重指数远远大于其他动物,见表1-1。

表1-1 在进化各阶段上的脑重指数

根据 Haug 的指数		根据 я.я.Рогинский 指数	
豚鼠	0.06	低等猿猴	0.13~1.37
兔	0.10	较低等猿猴	0.56~2.22
猕猴	0.43	类人猿	2.03~7.35
黑猩猩	0.52	海豚	6.72
人	1.00	象	9.62
		人	32.00

从大脑皮质的进化水平看,人类的大脑皮质特别是新皮质得到了高度的发展。与其他哺乳动物相比,人类的新皮质在整个大脑皮质中所占比例最大(表1-2)。虽然人类与类人猿相比,新皮质在大脑皮质中的比例相近,但人的颞叶区、顶叶区和额叶区这些与信息加工、整合、行为控制等功能有关的重要部位的面积明显增大。新皮质的高度发展,使人类可以适应极其复杂的自然环境,并在本质上区别于其他动物。与其他动物相比,人类的心理活动具有更高的智力活动水平和更细微、敏感的情感体验,从而也更容易发生心身疾病。

表1-2 大脑新皮质面积与整个大脑皮质面积的比例关系

种别	大脑新皮质/%
人	94.9
黑猩猩	93.0
猿猴	85.0
兔	56.0

(二) 心理是人脑对客观现实的主观反映

人脑是心理产生的器官,是一切精神活动的物质基础。但是人脑不能凭空产生人的心理。客观现实是心理活动的源泉,对客观现实的反映是心理的内容。

1. 客观现实是心理活动的源泉 客观现实是人们赖以生存的自然环境和社会环境,人的心理活动无论简单还是复杂,都可以从客观事物中找到其源泉。生活中的色彩是光波作用于我们的视觉器官而产生的;美妙的音乐是声波作用于我们的听觉器官而产生的。心理是人脑对客观事物做出的反映,客观事物的多样性决定了心理活动的多样性。即使是人们想象出来的在现实中不存在的形象,也是人脑根据客观事物加工的结果。

2. 心理是人脑对客观现实的主观能动的反映 心理是人脑对客观现实的主观映象。心理的内容是客观的,反映的都是外界事物和现象,是由外部事物决定的。心理又是主观的,因为对客观现实的反映总是受到个人经验、个性特征和自我意识等多种因素的影响,对客观现实的反映不是简单的、像照镜子一样对事物的翻版,所以说它是主观的,对同一事物不同的人有不同的反映。

3. 社会实践是人心理产生的基础 人不仅是自然界的产物,也是社会的产物。离开社会环境,即使有正常的脑器官,也不会有正常的心理活动。例如,1920年在印度原始森林里,发现了两个与狼生活的女孩,人们称之为"狼孩"。人们发现她们后将她们带回人类社会,大的约8岁,取名为卡玛拉;小的两三岁,取名为阿玛拉。她们均有人的大脑,但由于长期脱离了人的社会生活,生活在狼的世界里,因而没有人的心理,只有狼的习性,如用四肢走路,只吃扔在地上的食物,害怕强光,深夜嗥叫,怕火也怕水。8岁的卡玛拉回到人类社会时,相当于六个月婴儿的心理水平。经辛格博士的精心照料和教育,她2年学会站立,4年学会6个单词,6年学会走,到17岁去世前,只达到相当于3.5岁儿童的心理水平。儿童心理研究证明,出生后的七八年是儿童大脑结构、机能迅速发展的重要阶段,是学习语言、发展智力、形成个性的关键期。在这个时期,社会和家庭对儿童心理的发展起关键作用,错过关键期,各种能力难以弥补,如感觉异常、情绪贫乏、运动机能异常、不愿与人交往、智力迟钝等。由此可见,社会实践是人的心理产生的决定性因素。

心理的能动性表现在人脑不仅反映客观现实的外在表象,而且经过抽象与概括,揭示其本质和规律。只有掌握了事物的本质与规律,才能使人的行动成为自觉有计划的行动,进而产生巨大的能动作用,使人不仅能反映客观世界,并能改造客观世界。

单元测试

一、名词解释

1. 心理学　　2. 医学心理学　　3. 心理现象

二、单项选择题

1. 心理学研究的对象是(　　)。

　　A. 动物和人的心理　　　　　　　　B. 病人的心理

　　C. 人的心理现象　　　　　　　　　D. 心理疾病与治疗

　　E. 自我意识系统

2. 心理现象包括(　　)。

　　A. 心理卫生和个性心理　　　　　　B. 心理过程和人格

　　C. 情绪情感过程和意志过程　　　　D. 感觉和知觉

　　E. 需要、动机和世界观等

3. 医学心理学的基本观点为(　　)。

　　A. 人与环境统一的观点　　　　　　B. 认知与自我评价的观点

　　C. 心身统一的观点　　　　　　　　D. 主动适应与调节的观点

　　E. 以上都是

(刘　巧)

第二单元

认知过程

学习目标

1. 掌握：感觉、知觉、记忆等基本概念及特性，思维、想象和注意的概念及种类。
2. 熟悉：影响记忆与遗忘的因素，注意的特征。
3. 了解：解决问题的思维过程。
4. 学会应用培养良好的注意品质和科学有效的记忆方法；训练自己创造性思维能力。

人的认知过程包括感性认识和理性认识两个阶段，在不同的阶段都有其特有的心理活动，我们通过感知活动获得事物表面现象和外部联系的知识，即感性认识；然后我们将这些感知到的信息经过编码、组织和精细加工储存到我们的头脑中，即记忆；最后，我们经过记忆这一桥梁，进一步将感性认识升华到思维水平上的理性认识。在这一阶段，我们利用形象思维去展开想象，利用抽象思维去探索事物深层的本质和规律。通过思维，我们不仅可以推知过去，还可以预见未来，使我们的认识更加广阔和深刻，以上所有认知过程的顺利实现还必须有一个重要的保障因素，即注意，如果没有注意的关注和维持，任何心理活动都无法正常进行。

第一节 感觉和知觉

案例导入

感觉剥夺实验

1954年，加拿大心理学家赫布、贝克斯顿在迈克吉尔大学首先进行了著名的"感觉剥夺实验"：在封闭的实验室，让被试者戴上半透明的护目镜，剥夺其视觉；手臂戴上套袖和手套,躺在舒适的床上,限制其触觉;用空气调节器发出单调的声音,控制其听觉。几小时后,被试者感到恐慌,或百般无聊而昏睡。连续三四天,被试者难以忍受,出现幻觉、恐惧、焦虑,思维混乱。四天后,被试者走出实验室,进行心理测试,发现其各种心理功能普遍受到损害,经过一段时间调整才恢复。

请思考:如果没有感觉,人类将会怎样?

感觉剥夺实验

一、感觉

(一) 概述

感觉是人脑对直接作用于感觉器官的客观事物的个别属性的反映。如桌上的苹果具有多方面属性,我们用眼睛看到它的颜色、形状、大小,用手触摸它的温度、软硬,用舌去品尝它的酸甜,用鼻嗅到它的芳香。每个感官只能反映它的个别属性,这就是人的感觉。

感觉是最基本、最简单的心理现象,是人们认识世界的开端,是一切信息的源泉,是高级、复杂心理活动的基础。人的瞬时记忆是感觉后的即时记忆,人的情绪往往是由感觉触发引起,人的某方面感觉受到训练会发展成能力。没有感觉,人就失去了与客观世界的联系。感觉也是人正常心理活动的必要条件,如果剥夺人的感觉,正常的心理机能会受损。

(二) 感觉的种类

感觉分为外部感觉和内部感觉。

外部感觉来源于外界刺激,对外界事物属性的反映属于外部感觉,包括视觉、听觉、嗅觉、味觉、皮肤觉。

内部感觉来源于机体内部刺激,对身体的运动状态和内脏器官的感觉属于内部感觉,包括运动觉、平衡觉、内脏感觉。

(三) 感受性和感觉阈限

日常生活中,我们听不到蚂蚁走路的声音,感受不到微尘落在皮肤上,嗅不到丛林中人体的味道,说明我们的感觉能力是有限的。感觉的产生需要适宜的刺激,引起感官反映。

感受性是指感觉器官对适宜刺激的感受能力。衡量感受性高低的指标是感觉阈限,感觉阈限是指能引起感觉持续一定时间的刺激量。如:一般成人对高于20赫兹的声波产生听觉,也就是常人的听觉阈限,低于16赫兹的次声波不能引起听觉。物体运动速度低于0.6 mm/秒时,我们无法感觉到物体的运动。感受性和感觉阈限之间成反比。也就是,感觉阈限越低,感受性越高;感觉阈限越高,感受性越低。人的感受性在一定条件下可以发生改变。

（四）感觉的特性

1. 适应　适应是指感觉器官在同一刺激物的持续作用下,感受性发生变化的现象。古人所说"入芝兰之室,久而不闻其香;入鲍鱼之肆,久而不闻其臭"正是嗅觉的适应现象。日常生活中,比如从黑暗的房间一下进入明亮的环境中,会瞬间看不清东西,但很快恢复正常,这是视觉的适应现象。适应可以使感受性提高,也可以使感受性降低,对人适应环境很重要。

2. 对比　对比是指同类感觉、不同刺激相互作用,使感受性发生变化的现象。对比有同时对比和相继对比。如：同一灰色图形分别放在黑色和白色背景下,明暗感觉不同,是视觉同时对比的结果(图2-1);刚吃过糖,再吃中药,感觉药更苦,是味觉相继对比的结果。对比过程中,感受性发生变化。利用这一规律可以改善工作、生活环境,减少疲劳,也可增强艺术表现力。

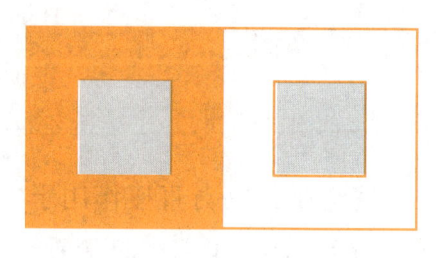

图 2-1　感觉对比

3. 后象　后象是指刺激作用停止后,瞬时保留的感觉印象。后象在视觉中表现得很明显,如：夜晚,拿一根香火做画圈运动,远处看到的是火圈。视觉后象保留的时间大约为1/10秒。"余音绕梁,三日不绝于耳"表达的是听觉后象。现代的电影、电视技术是充分运用感觉后象的产物。

4. 感觉的相互作用　感觉的相互作用是指一种感觉在其他感觉的作用下,感受性发生变化的现象。感觉的相互作用在生活中很常见,如：食品的颜色和温度会影响味觉;强噪声会使手术病人痛觉感受性提高,而和谐优美的音乐可以使痛觉感受性下降;摇动的视觉现象会破坏平衡觉,所以出现晕车晕船现象。感觉的相互作用现象在环境设计、医学护理等领域可以充分研究利用。

5. 感觉的相互补偿与发展　感觉的相互补偿与发展是指人的某种感觉能力缺失后,其他感觉能力会突出发展,弥补感觉缺陷。如盲人缺失了视觉,嗅觉、听觉、触摸觉会特别灵敏。美国教育家海伦·凯勒是盲聋哑人,她的手指触觉非常灵敏,可以把手指放在别人嘴唇上感受发音变化,来学说话。苏联一位盲聋人斯科罗道娃,可以凭借嗅觉分辨室内的人数。

人的感受性也可以在先天基础上经过实践活动或有意训练获得发展。一些职业训练可以使人的某种感受性明显高于一般人。如调色师的视觉能力、调味师的嗅觉能力要高于一般人。这一感觉规律启发人们研制能发挥感觉机能代偿作用的仪器,改善视听信息过载状况,为感觉缺失的人带来方便。

6. 联觉　联觉是一种感觉兼有另一种感觉的心理现象。如红、橙、黄被称为暖色调,因为看到这些颜色会使人联想到太阳和火,使视觉兼有温暖的感觉。在《荷塘月色》中对荷叶的清香,朱自清写道："微风过处,送来缕缕清香,仿佛远处高楼上渺茫的歌声似的。"由嗅觉引发了听觉现象。还有常说的"甜蜜的声音""沉重的黑色"也是联觉现象。这一感觉规律在建筑设计和医院、家居、工作等场所的环境布置中要充分考虑。

课堂互动

约会时穿什么颜色的衣服？

约会时穿什么颜色的衣服？

二、知觉

（一）概述

知觉是人脑对直接作用于感觉器官的客观事物的整体属性的反映。日常生活中，事物是以多方面属性整体出现的，我们也多以知觉形式对它做出整体反映。如：我们看到红色是感觉，可我们看到的是红旗的红色、苹果的红色、汽车的红色就成了知觉；我们听到声音时，往往知道是说话声、流水声、汽车声等，这都是知觉的反映形式。

感觉是知觉的基础，知觉比感觉高级复杂。感觉反映的是事物的个别属性，知觉反映的是事物的整体属性。感觉到事物的个别属性越多、越丰富，对事物的知觉越准确、越完整。但知觉并不是感觉的简单相加，而是借助已有的知识经验来解释事物，将其补充完整，使之合理化。

知识拓展

双耳分听实验

1960年特里斯曼做了分听实验。他把意义完整的句子，分成两部分，配上无关联、无意义的成分，同时输入被试的左右耳。如：输入左耳的句子是"我看见一女孩歌曲希望"，右耳的句子是"给我小鸟那个街上跳"，被试报告说听到"我看见一女孩在街上跳"。说明知觉并非来自当时的感觉，而是借助知识经验使知觉内容尽量完整有意义并被人理解。

（二）知觉的种类

根据知觉对事物现象的空间、时间、运动特性的反映，可将知觉分为空间知觉、时间知觉和运动知觉。

1. 空间知觉　空间知觉是人脑对物体空间特性的反映。物体的空间特性包括形状、大小、远近、深度等。人在生活中经常运用空间知觉，如上下台阶、穿越马路等。

第二单元　认知过程

2. 时间知觉　时间知觉是人脑对事物的延续性和顺序性的反映。有对自然界的时间知觉,如黑夜与白昼的交替、四季的变更;有对机体的时间知觉,如睡眠、饮食、代谢的生理时钟。时间知觉会受情绪的影响,如"光阴似箭""度日如年"等。

3. 运动知觉　运动知觉是人脑对物体距离状态和运动速度的知觉。如:在众多车辆疾驶的公路上,驾驶员靠运动知觉与周围车辆保持距离;球场上球员靠运动知觉判断传球、接球。

(三) 知觉的特性

1. 整体性　知觉具有凭借经验把事物的各种属性补充完整的特性。知觉的整体性是知觉的重要标志(图2-2)。这一特性使人们对客观现实的反映趋于全面、合理,保证有效认知。

2. 选择性　知觉具有从作用于感官的众多刺激物中选择某些刺激作为知觉对象,并加以反映的特性。选择性有对象和背景的选择,还有知觉线索的选择(图2-3)。知觉的选择性使知觉对象更清晰准确,充分体现了知觉的积极主动性。

3. 理解性　知觉具有将感知的事物,根据知识经验做出解释,赋予一定的意义,并用词标志出来的特性(图2-4)。知觉的理解性靠言语的提示或思维的推论。感知的事物不一定马上被理解,只有理解了才能更完善地知觉它,并用词来标志。

图2-2　知觉的整体性

花瓶与人脸　　　老妪与少女　　　黄昏与黎明

图2-3　知觉的选择性

4. 恒常性　知觉具有当感知条件在一定范围内发生变化时,由于经验参与,知觉映像保持相对不变的特性(图2-5)。如近距离的羊和远距离的牛,在视网膜上的映像为羊大牛小,我们不会知觉成牛比羊小。知觉的恒常性在生活和认识活动中有重要意义,有助于人们适应环境的变化。

图 2-4　知觉的理解性

图 2-5　知觉的恒常性

（四）错觉

错觉是指在特定条件下产生的对客观事物的歪曲知觉。错觉产生的原因分为主观、客观两个方面。主观上往往与人们的已有知识经验、情绪、定势等因素相关。客观上一般由客观环境的变化引起。

错觉现象是普遍存在的，在各种知觉中都可以发生。主要包括图形错觉、大小错觉、方位错觉、运动错觉和时间错觉等。图2-6(a)中等长的两横线看起来上长下短；(b)中两横线本来是平行的，但看起来却不是平行的；(c)中两个中心等圆看起来右边的显得大了点（图2-6）。错觉在日常生活中也很常见，如，身形胖的人，穿上黑色或竖条图案的衣服可以在视觉上起到收缩粗胖体型的作用，看起来瘦一些。身形瘦的人穿起横条图案或浅色衣服会显得丰满些。

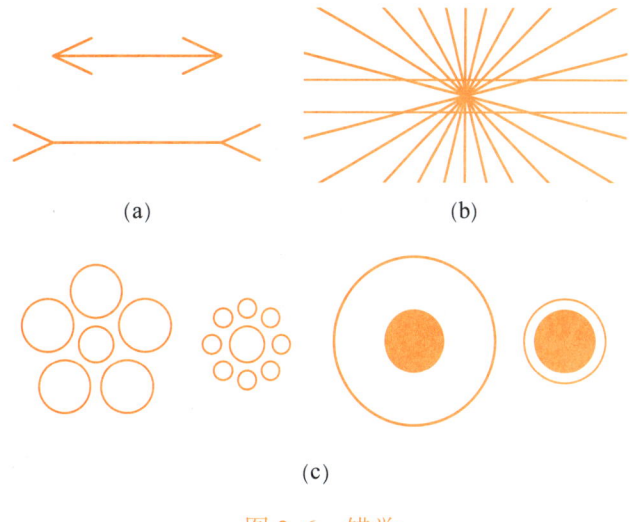

图 2-6　错觉

课堂互动

举例说明感知觉理论在临床医学护理中的应用。

第二单元　认知过程

第二节 记忆

学习目标

案例导入

心理学家卡尔·荣格说:"人类的所有思想不过是人类的集体回忆而已,人类历史也是如此。"记忆是人类摆脱野蛮和愚昧,踏进文明社会的重要心理认知过程。

思考:

1. 假如人类失去记忆,世界将会怎样?
2. 如何提高我们的记忆力?

一、记忆的概念

记忆是过去经验在人脑中的反映。对看过的场景画面、听过的歌词曲调、学过的动作技能、体验过的情绪情感等,人们会在脑海中再现,这都是记忆。只有人们经历过的事物,才能在人脑中留有痕迹。没有经历过的事物,无法"记"得住"忆"得出。人脑就像图书馆,如果书库中根本没进过的书,就无法借出。

记忆是从感知到思维的桥梁,是想象的基础。人们正是借助记忆积累经验、运用经验,掌握学习、工作、生活的基本能力。记忆对人的人格形成也有重要作用,使人不断增长智慧,获得发展和进步。如果失去记忆,人们将无法进行复杂的心理活动,并且阻断过去和现在,难以正常生活。

二、记忆的分类

(一) 按照记忆内容的储存形式分类

1. **形象记忆**　形象记忆是以感知过的事物的表面形象为内容的记忆,如人物的音容笑貌、音乐的曲调旋律、食物的酸甜苦辣等。作家、画家、音乐家都有出色的形象记忆。人的记忆先从形象记忆开始。

2. **语词记忆**　语词记忆是用词的形式以概念、判断、推理、规律为内容的记忆,如定义公式、字词概念、关系规律等。即把概括的逻辑思维结果以语词的形式存入记忆。逻辑记忆是人类所特有的。

3. 情绪记忆　情绪记忆是以体验过的某种情绪情感为内容的记忆,如尴尬时的拘束窘迫,惊吓时的胆战心惊,幸福时的甜蜜温馨等。事件情景虽然已过去,但深刻的体验感受会保留在记忆中,在一定条件下这种情绪情感会重新被体验到。俗话说:一朝被蛇咬,十年怕井绳。这就是情绪记忆在发挥作用。

4. 运动记忆　运动记忆是以过去的运动或动作为内容的记忆。如游泳姿势、体操动作、驾车技术等,都是把学习模仿过的动作、技能以动作表象的形式存入记忆。运动记忆与其他记忆相比,更容易保持和恢复。各种工作、生活技能以运动记忆为基础。

(二) 按照记忆内容保持时间的长短分类

1. 感觉记忆　感觉记忆指刺激停止后,感觉信息保留在信息通道内瞬间的记忆。其特点是:保持时间最短,为 0.25~2 秒,信息储存量大,但容易消逝。如果感觉信息受到特别关注,则进入短时记忆。

课堂互动

测一测:看下图 10 秒后,回答下列问题:

1. 最下面的小女孩手里拿的是什么?
2. 最上面一排中间的男士正在干什么?
3. 右下角撑雨伞者是男士还是女士?

2. 短时记忆　短时记忆指信息保持时间介于瞬时记忆与长时记忆之间的记忆。其特点是：保持时间在 1 分钟之内；记忆容量有限，一般为 7±2 个信息单位；容易受到干扰；可以被意识到；经过复述进入长时记忆。

3. 长时记忆　长时记忆指信息在头脑中长久保持下来的记忆。其特点是：保持时间在 1 分钟以上甚至终身；信息容量无限；只有有意回忆，信息才被意识到。

三种记忆的关系如图 2-7 所示。

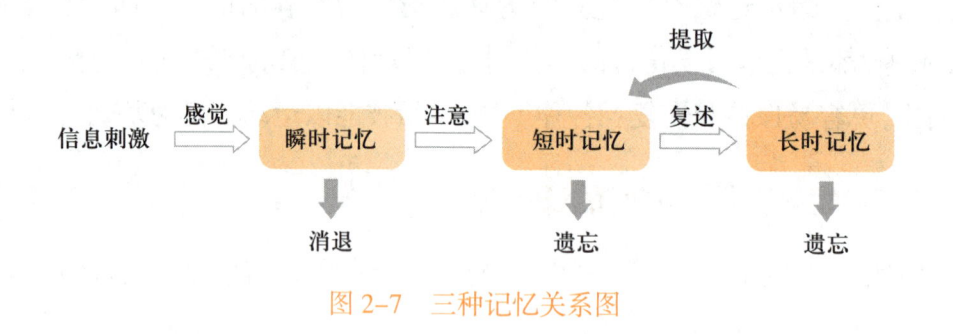

图 2-7　三种记忆关系图

三、记忆的过程

记忆的过程包括识记、保持、再认和回忆三个基本环节。

(一) 识记

识记是对输入的信息进行识别编码，与已有知识建立联系，在脑中留下痕迹的过程。识记是记忆过程的开端，是保持和回忆的前提。有良好的识记，才会有好的记忆效果。

1. 根据有无预定目的、是否付出意志努力，可将识记分为无意识记和有意识记。

(1) 无意识记指事先没有预定目的，不需意志努力的识记。它"得来全不费工夫"。事物本身能引发人们的兴趣和情绪，具有独特的吸引力，人们可以不经意间记住，所以无意识记具有很大的选择性。如在人群中见到穿着怪异的人，事后描述会历历在目，不需特意识记。无意识记具有偶然性、片面性，所以学习中不能只依靠它来获得系统的科学知识。

(2) 有意识记指有目的、运用一定方法并付出意志努力的识记。人们意识到事物有重要意义、能满足个人需要和兴趣或能够完成某项任务，就容易识记该事物。有意识记也具有选择性。如：对同等难度的材料，在考试范围内的内容，识记效果好。有意识记有明确的目的、具体的任务、灵活的方法，伴随积极的思维，可以有效获得完整的科学知识。

2. 根据识记材料有无意义及是否理解，可分为机械识记和意义识记。

(1) 机械识记指材料没有意义或在不理解其意义的情况下，采取简单重复、死记硬背的方法识记。如对药品名称、电话号码、外文单词、历史年代等的识记。这种识记速度慢，不容易保持。

(2) 意义识记指根据材料的内在联系,在理解领会的基础上进行识记。即领会材料本身的意义,把它同已有的知识经验联系起来,如对诗文语境、公式推导等的识记。这种识记全面、准确、牢固,比机械识记效果好。

意义识记和机械识记可以相互依存、相互补充。意义识记需要机械识记达到准确牢固。机械识记需要主观赋予它联系和意义,实现快速识记和巩固识记效果。

(二) 保持

保持是把识记的信息材料储存在头脑中,加以巩固的过程,是记忆过程的重要环节。没有保持就不能再认和回忆。信息在保持过程中会随时间延续发生改变,也会受到个人的原有知识经验、兴趣爱好、情绪特点、任务要求等主观因素影响。保持是一个创造性的储存过程,并非原模原样被动保存。随时间推移,保持内容发生遗忘。

对识记过的内容无法再认和回忆,或是错误地再认和回忆都叫遗忘。人没有记忆,会使生活混乱。如果没有遗忘,又会无法进行知识更新。

知识拓展

英国心理学家巴特莱特让许多被试阅读一篇"魔鬼的战争"的故事,过一段时间,让他们复述故事,结果发现,经常阅读鬼怪故事的人,在回忆中增加了鬼的内容和细节,而受过逻辑训练的人在回忆中大量删去鬼的内容,使其更符合逻辑。这说明信息在头脑中的保持,是重建的过程。记忆内容受到主观经验的"剪辑"加工,在质量和数量上发生改变。

最早对遗忘的规律进行实验研究的是德国心理学家艾滨浩斯,他根据实验结果取得的数值绘成曲线,称"艾滨浩斯遗忘曲线"(图2-8)。该曲线揭示的遗忘规律为:识记后短时间内迅速遗忘,后来逐渐缓慢平稳,遗忘的进程先快后慢;时间越长,遗忘越多。

除时间以外,影响遗忘进程的还有以下因素。

1. 记忆材料的性质和数量 能理解、有关联的材料,比无法理解、没有关联的材料遗忘得慢;形象材料比抽象材料遗忘得慢,将材料加工成形象材料,以表象形式储存,不易忘记。如识记香烟与狗、帽子、自行车、警察、指挥棒一组词时,可以组成视觉意象:警察把一个戴着帽子、叼着香烟、骑在自行车上的狗用指挥棒拦住。这样幽默的画面在脑海中浮现,有助于词汇的储存和保持。

2. 记忆材料的系列位置 材料遗忘的程度与材料在原呈现系列中的位置有关系,位于开始部分的材料记忆效果好,比中间部分回忆率高,称首因效应;位于末尾部分的材料更容易再现回忆,称近因效应(图2-9)。1962年加拿大学者墨多克给被试呈现一系列无关联的字词,如:肥皂、氧、枫树、蜘蛛、雏菊、啤酒、舞蹈、雪茄、自行车、火星、山、炸弹、手指、椅子、木偶,以任意顺序回忆发现,首末部分回忆效果好,中间遗忘比较多。

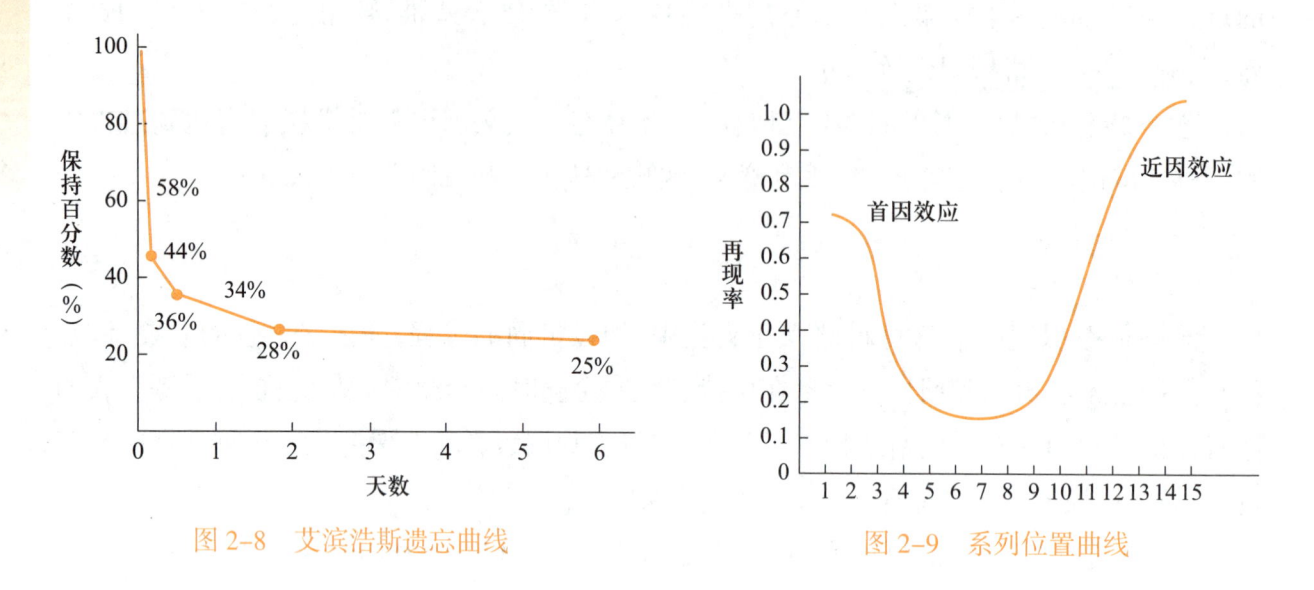

图 2-8　艾滨浩斯遗忘曲线

图 2-9　系列位置曲线

知识拓展

前摄抑制和倒摄抑制

实验证明,对于较长的记忆材料,首尾部分遗忘较少,而中间部分遗忘较多。遗忘较多的原因是中间部分受前摄抑制和倒摄抑制双重干扰。前摄抑制是指先学习的材料对记忆后学习材料所产生的干扰作用。

倒摄抑制是指后学习的材料对记忆前学习的材料所产生的干扰作用。这两种抑制对记忆效果有重要影响。因此,应该把内容差别较大的科目穿插安排进行学习。比如,学习语文后最好接着学数学,而不要紧接着就学历史;晚上临睡前的记忆和早上刚睡醒时的记忆效果会比其他时间要好些。

3. 记忆主体对识记材料的态度　信心、兴趣、有无明确目的影响识记保持的效果。对记忆材料缺乏信心、消极的自我暗示,会形成记忆障碍。对感兴趣的记忆材料,保持效果好。1962 年,图尔文在实验中,向被试者呈现一组无关联词,如:兵营、发现、冰山、办公室、山谷、顽皮的女孩、发行量、丛林、谜语、叛徒、咸水湖、格言、润发油、步行者。结果发现回忆过程中,被试者会优先记住自己喜欢的词。而明确记忆的目的、意义,识记效果好,遗忘进程比较慢。

4. 学习程度　对学习材料过度复习,达到熟记,及时巩固强化记忆痕迹,可以防止遗忘。过度复习在 150% 时效果最好,既节约时间和精力,又有好的记忆效果。过度复习是指达到一次完全正确再现后仍继续识记的记忆。这样有利于识记材料的保持,由德国心理学家艾宾浩斯提出的,主要是指一个人要掌握所学的知识,一定要经常提醒自己通过反复练习,才能得到巩固。

(三) 再认和回忆

再认和回忆是指从大脑中提取信息的过程。识记过的事物再度出现时,能够识别和确认称再认。它比回忆简单容易。但由于识记不精确、信息干扰、联系泛化、主观经验等,易导致再认错误。经历过的事物,没有呈现在眼前,却能够在头脑中重现称回忆。回忆是由一定外界条件引起的。

> **知识拓展**
>
> **目击者的记忆扭曲**
>
> 图 2-10 中两张照片是 1977 年在美国法庭误判的实例。左边照片为爱德华·杰克逊,真正的罪犯;右边为威廉·杰克逊,被冤枉的人。只因两人相貌相似,又属同姓,当事人产生了记忆扭曲从而指认错误。直到 1982 年真正罪犯被逮捕,威廉·杰克逊才得以洗清冤屈。
>
> 图 2-10 对比照片

根据有无预定目的、任务,回忆可分为有意回忆和无意回忆。偶然想起,没有预定目的和意图的回忆称无意回忆。在任务和目的推动下,自觉主动地回忆称有意回忆。根据是否借助中介联想参与,可分为直接回忆和间接回忆。不依靠任何线索直接提取信息,为直接回忆。如回忆乘法口诀,可以朗朗上口。需要提供接近回忆内容的相关线索和中介物,依靠联想进行回忆,为间接回忆。如回忆自己上个月的某天活动,需要借助日历、日记等中介物。

回忆是伴有积极智力活动的再现过程,联想可以帮助个体建立储存信息间的神经联系,增强记忆效果。常见的有接近联想、相似联想、对比联想、关系联想。

四、防止遗忘,提高记忆力的方法

综合识记、保持与遗忘、回忆和联想的认识规律,我们推荐以下增强记忆效果的方法。

1. 转换记忆材料的性质　将机械、抽象、无意义的材料,利用谐音、组块、编故事、奇特联想等方法,转换成形象、有意义、可归类的材料,可提高记忆效果。如:记手机号码 13934652957,可以转化为"电信三次留我,而就勿去"。这样把机械材料人为赋予意义,运用了积极思维,利于识记。

2. **限时强记**　即给自己指定单位时间内完成定量的记忆内容。集中精力,多种感官并用,可以博闻强记。如10分钟内,背诵20个外文单词,听、说、看、写并用。

3. **及时复习,反复阅读结合试图回忆**　只重复阅读,不容易记住。可在完全记住前积极试图回忆,遗忘部分再阅读,这样保持效果好。复习时的时间间隔,应符合记忆规律。

4. **过度学习,熟读熟记**　重复过程中排除抑制作用,可变换材料系列位置,加深记忆痕迹。如:第一遍由前往后记,第二遍由后往前记,第三遍由记忆效果不好的开始。

5. **利用奇特联想**　即在记忆过程中伴随积极思维,为再认回忆建立启发线索,越是幽默、荒诞、奇特,越容易记忆。如记国家名称,刚果、西班牙、苏门答腊、阿富汗、老挝、巴基斯坦、墨西哥,可以形成这样的联想,去墨西哥家里做客,给端上来刚果,结果咯了西班牙,疼得直出阿富汗,晚上停电,点上苏门答腊,睡在老挝里,盖上巴基斯坦。

结合自己的特点,运用科学记忆方法,提高记忆力,在学习中可以做到事半功倍。

课堂互动

请你举例说明你学习中记忆运用的好办法或小妙招。

第三节　思维

学习目标

案例导入

某ICU护士工作中,通过观察危重病人的生命体征、意识尿量等情况,判断病情的变化和严重程度;医生通过对病人望、触、叩、听等体格检查来协助诊断,这些情境是认知过程的什么呢?

恩格斯把人类思维誉为"地球上最美的花朵",日常生活中人们运用思维解决问题,作为医护人员,你认为哪些思维品质最重要?

一、思维概述

（一）思维的概念

思维是人脑对客观事物的本质和规律的反映。它是借助语言、表象或动作实现的,是认识活动的高级形式。虽然思维同感觉、知觉一样，都是人对客观事物的反映，但又有根本的区别。感觉、知觉只能反映事物的个别属性或个别事物；思维则能反映一类事物的本质和事物之间的规律性联系。如通过感觉和知觉，我们只能感知形形色色的具体的笔（铅笔、钢笔、毛笔等）；通过思维，我们就能把所有的笔的本质属性（写字的工具）概括出来。感觉、知觉只能反映直接作用于感觉器官的事物；而思维总是通过某种媒介来反映客观事物的。如虽然没有直接看到昨晚下雨，但清早起来看到地面与房子上湿了，人们便可通过思维推断昨晚下过雨。

（二）思维的特征

1. 间接性　思维的间接性是指人凭借已有的知识经验或其他事物的媒介对客观事物进行间接的认识。如医生根据病人的体温、血压、血液、尿液、心电图、脑电图等有关资料，运用医学知识，对无法直接观察的机体病变作出正确的诊断；教师根据学生的行为表现，可以推断学生的内心世界；等等。所有这些都是间接的认识，是人脑"去粗取精、去伪存真、由此及彼、由表及里"的加工活动，是思维间接性的表现。

2. 概括性　思维的概括性是指在分析、研究感性材料的基础上，把一类事物共有的本质特征抽取出来加以概括，形成具有普遍意义的规律性认识。思维的概括性表现在两个方面：① 思维是对一类事物共同的本质特征的反映。如人们通过对流行性脑脊髓膜炎、乙型肝炎、艾滋病、伤寒等疾病的多次认识，抽取出它们的共同特征就是具有传染性，于是得出"传染病是具有传染性的一类疾病"这一科学概念。这就是对传染病共同本质特征的概括性认识。② 思维是对事物间本质联系和关系的反映。如急性阑尾炎病人一般都在右下腹部有一固定压痛点。所以，在临床上医生检查到这一体征，就要考虑急性阑尾炎。这是医生对急性阑尾炎和固定压痛点之间规律性联系的认识。

正因为思维有上述特性，它在人们的生活实践中具有极为重要的意义。首先，它能不断扩大人的认识范围，使人不仅能认识现在，还可以回顾过去和预见未来。其次，它能不断提高人的认识深度，不仅能认识接触到的事物以及规律，还可以把握所不能直接感知的事物以及规律，使人对现实事物的认识得以深化。最后，更重要的是，它能使人由认识世界向改造世界发展，不仅能使人掌握知识、认识规律，还可以使人运用知识和规律解决问题，进行创造性活动。

二、思维的种类

（一）直观动作思维、形象思维和逻辑思维

根据思维过程中凭借物的不同可分为直观动作思维、形象思维和逻辑思维。

1. 直观动作思维　它是伴随着实际动作进行的思维活动。其基本特点是思维与动作不可分,离开了动作就不能思维。

动作思维一般是人类或个体发展的早期所具有的一种思维形式。3岁前幼儿只能在动作中思考,他们的思维基本上属于直观动作思维。动作思维所反映的具体任务直接与当前感知到的对象相联系,其解决方式不是凭借表象和概念,而是依据当前的感知觉与实际操作,如儿童在掌握抽象数概念之前,摆弄物体进行计算活动,就属于动作思维。成人有时也会出现动作思维,如护理人员在临床要做到一针见血,就必须在进行静脉注射训练时,边操作边思考,纠正错误的操作方法,积累正确的临床操作经验,才能熟能生巧。成人的动作思维是以丰富的知识经验为中介,并在整个动作思维过程中由词进行调节和控制的,与没有完全掌握语言的幼儿的动作思维不同。

2. 形象思维　它是以事物的具体形象和表象为支柱的思维。如医生在为病人动手术前要考虑哪种方案最佳,需要在头脑中出现若干种手术方案的具体形象,并运用这些形象进行分析、比较,来作出选择。人们在布置房间之前,总会在脑子里设想家具应该怎样摆放,墙上该挂什么画才美观等。这种脱离直接刺激物和具体动作,借助于表象进行的思维便是常见的形象思维。学龄前儿童的思维主要是形象思维,正常成人的思维形式虽以概念为主,但也不可能完全脱离形象思维,尤其是在解决比较复杂的问题时,鲜明生动的形象或表象有助于思维过程的顺利进行。学生更是依靠形象思维来理解史、地、文、数、理、化等各种知识,并成为他们发展抽象思维的基础。

3. 逻辑思维　它是以概念、判断、推理等形式进行的思维。如医生依据病人的临床表现、体征、检查结果来诊断疾病;学生运用数学符号和概念进行数学运算或推导;科学工作者进行某种推理、判断都要运用这种思维。它是人类特有的一种思维形式。

(二) 聚合思维和发散思维

根据思维探索目标的方向不同可分为聚合思维和发散思维。

1. 聚合思维(又称求同思维)　它是把解决问题所提供的各种信息集合起来,朝着同一个方向得出一个正确答案的思维。它是一种有方向、有范围、有条理的思维方式,其特点是求同。如护士对病人心理状态的分析,必须通过直接的、间接的、连续的观察和了解,才能对病人的心理特点提出意见。学生根据题目给予的条件,运用学过的概念和定理,找出一种解决问题的方法,就是聚合思维。

2. 发散思维(又称求异思维)　它是从一个目标出发,沿着各种不同途径寻求各种答案的思维。它无一定方向和范围,不墨守成规,不囿于传统方法,由已知探索未知的思维,其特点是求异和创新。医生在对复杂病例进行讨论时,由于对该疾病的认识较深,所以提出的各种假设很多。如为给病人降温,可以使用冰袋、酒精擦浴、灌肠等方法。

聚合思维和发散思维既有区别又紧密联系。当我们在分析某种疾病发生的原因时，会得出种种假设，这是发散式思维；但是，结合病人主诉、临床症状、体格检查、实验室检查的结果，并一一验证这些假设，最后找到唯一正确的病因，这又是聚合式思维。

（三）再造性思维和创造性思维

根据思维的创造性程度可分为再造性思维和创造性思维。

1. 再造性思维　再造性思维是指人们运用已获得的知识经验，按惯常的方式解决问题的思维，又称常规性思维。如护士发现病人发高烧时，立即给予物理降温；护士在护理骨折病人时会要求他们睡硬板床；当医生发现病人有炎症存在就会给予抗感染治疗。这种思维的创造性水平低，对原有知识不需要进行明显的改组，也没有创造出新的思维成果，往往缺乏新颖性和独创性。

2. 创造性思维　创造性思维是指以新异、独创的方式解决问题的思维。创造性思维是多种思维的综合表现，它既是发散思维与聚合思维的结合；也是直觉思维与分析思维的结合；它不仅包括抽象思维，也离不开创造性想象。创造性思维具有以下特征：① 敏感性：即容易接受新现象，发现新问题。② 流畅性：即思维敏捷、反应迅速，对于特定的问题情景能够顺利地作出多种反应或给出答案。③ 灵活性：即具有较强的应变能力和适应性，具有灵活改变思维定向的能力，能发挥自由联想。④ 独创性：即产生新的非凡的思想的能力，表现为产生新奇、罕见、首创的观念和成就。⑤ 再定义性：即善于发现特定事物的多种使用方法。⑥ 洞察性：即能够通过事物的表面现象，认清其内在含义、特性或多样性，进行意义交换。如一种新药研制的开发与完整的现代医学模式理论的提出和实践等都是创造性思维的体现。所以说，创造性思维是在一般思维的基础上发展起来的，是后天培养与训练的结果，是智力水平高度发展的表现。

三、思维的过程和形式

（一）分析和综合

分析是在头脑中把事物由整体分解为部分的心智操作。如判断一个人的行为是否正常，可以从生理的角度进行分析，也可以从心理的角度进行分析。分析是否恰当，在很大程度上取决于人们选择的分析标准是否符合客观实际。综合是在头脑中把事物的各部分联合起来的心智操作。客观事物本身的各部分和各种因素是有其内部联系的，如果不考虑客观事物的内在联系，就不能把握事物的整体。如糖尿病的诊断就是综合了"三多一少"及功能障碍等五个共同特征。

分析和综合是既有区别又相互联系的统一体，只有综合而没有分析，对整体的认识只能是模糊、空洞的；只有分析而没有综合，对事物的认识只能是零碎、孤立的，无法把握事物的整体。

分析和综合可以有三种不同的水平：① 实际操纵物体的分析和综合。如把机器的某个零件拆下来，或者把机器的某个零件装好。② 感性形象的分析和综合。如把头脑中人的形象分解为头、躯干、上肢、下肢或把头、躯干、上肢、下肢综合成一个人。③ 语词符号的分析和综合。如运用数学定理、数学符号求解代数问题。

（二）比较和分类

比较是在头脑中确定事物之间异同的一种思维。比较是根据一定标准进行的。对事物进行比较，必须先确定一个标准。没有标准，就无法进行比较。临床上疾病的鉴别诊断就是一种比较。而在比较中"能看出异中之同或同中之异"则是思维能力高水平发展的重要标志。分类是在头脑中根据事物的共同点和差异点，把它们区分为不同种类的心智操作。分类必须有一定的规律，必须根据对象的某种属性或关系来进行。但由于事物有多种属性，有多种联系，因而分类的标准也是多方面的，这是客观原因。同时，由于每个人的思维发展水平和知识经验的不同，因而对分类标准的掌握也有差异，这是主观原因。如对同样一张病理切片，会有不同的诊断，这是依据的标准和医生的经验等方面的不同而造成的。所以说，分类以比较为基础，比较是分类的依据。

（三）抽象和概括

抽象是在思想上把各种对象或现象之间的共同属性抽取出来，并把这些共同属性和其他属性分离开来的一种思维。概括是在思想上把抽象出来的各种对象或观念之间的共同属性结合起来、联系起来的一种思维。如从各种各样的笔的不同属性中抽取出"笔能写字"这一本质属性，这种认识是通过抽象得到的，并在抽象的基础上用词来表述这一本质属性，即具有"写字功能的工具"都是"笔"。这种认识也是通过概括得到的。抽象与概括的思维活动过程，就是"去伪存真、去粗取精、由表及里、由此及彼"的过程。

抽象和概括是密切联系的。抽象是根据概括的需要而进行的抽象，概括是在抽象的基础上的概括。事物有许多属性，本质属性也不少，应该如何取舍，那是由概括的目的确定的。

四、思维的特殊形式——想象

（一）概述

想象是对人脑中已有的表象进行加工改造而创造新形象的过程。想象的素材是表象。

表象是人脑对以前感知过的事物形象的反映,是过去感知过的事物痕迹的再现。想象是在记忆表象的基础上进行的,它以直观形式呈现人们头脑中具有形象性的表征,而不是言语符号。在想象过程中,表象得到进一步的加工和组合,创造出新的形象。如人们在看小说时,头脑中产生的各种情境和人物形象都是想象活动的产物。

想象是以组织起来的形象系统对客观现实的超前反映。乍看起来似乎是"超现实"的,但任何想象都不是凭空产生的,构成新形象的材料都来自生活,取自过去的经验,不可能无中生有。患有先天性耳聋的人绝不能想象出优美的音乐,患有先天性失明的人绝不能想象出春天的美景。鲁迅先生曾记录过一位盲诗人的谈话:"在缅甸遍地是音乐,房里、草里、树上都有昆虫的吟叫,各种声音成为合奏,很神奇,其间时时夹着蛇鸣'嘶嘶'。"字里行间充满了听觉形象,视觉形象则十分匮乏,这说明想象无论新颖甚至离奇到什么程度,想象的形象在现实生活中都能找到原型。它同其他心理活动一样,都有其现实的依据。

想象活动的特点是形象性和新颖性,具有预见作用。正如爱因斯坦所说:想象力比知识更重要,因为知识是有限的。因此,想象对科学的发展、人类精神生活的丰富、人类的学习和进步都是非常重要的。

(二) 想象的种类

按照想象有无目的进行分类,可分为无意想象和有意想象。

1. **无意想象**　无意想象是一种没有预定目的、不自觉的想象。无意想象是最简单、最初级的想象。如天空中变化着的浮云,时而似人头,时而似奔马,时而似城楼……各种想象形象不自觉地浮现着、转化着,这都是无意想象。梦是人们在睡眠状态下无意识进行的,因此梦既荒诞怪异,又生动形象。梦是无意想象的一种特殊形式,它也不需要人付出意志努力,出现也很突然,往往对思维具有启发作用,甚至有的发明创造就是在梦境中实现的。

2. **有意想象**　有意想象是根据一定目的,自觉进行的想象。如文学家、艺术家创作之前头脑中栩栩如生的表象活动,就是有意想象的产物。根据想象的创新程度和形成过程的不同,可分为再造想象、创造想象和幻想。

(1) 再造想象:是根据别人的言语叙述、文字描述或图形示意在头脑中形成相应的新形象的过程。如没有领略过北方冬日的人们,通过诵读毛泽东同志的词《沁园春·雪》,可在头脑中形成"千里冰封,万里雪飘"的北国风光的情景。可见,再造想象有一定程度的创造性,但是创造性的水平较低。

再造想象是人们接受知识、理解知识必不可少的条件。在接受间接经验时,概念停留在机械识记水平上是毫无意义的,必须在头脑里形成与概念相应的形象,才能使主体理解和掌握知识。再造想象的形成需要以丰富的表象作为基础,表象愈丰富,再造想象的内容愈丰富。同时,再造想象离不开词语思维的组织作用。它实际上是在词语指导下进行的形象思维的过程。要培养和发展再造想象的能力,首先要扩大人们头脑中记忆表象的数量,丰富表象的储备。而且,要掌握好语言和各种标记的意义,只有这样,才能从语言描述和符号标记中激发想象。再造想象是人类吸取新知识、交流经验、相互了解所不可缺少的一种思维方式。

(2) 创造想象:是不依据现成描述而在头脑中独立创造新形象的过程。因此,创造想象具有独创性和新颖性的特点。如鲁迅在小说《阿Q正传》中创造的"阿Q"形象。

创造想象在人类的科学创造活动中所占有的地位是十分重要的,是一切创造活动所必备的心理因素。由于有了创造想象的参与,创造活动才能结合以往的经验,依据预定的目的和计划将概念和形象、具体和抽象、现实与未来有机地结合起来,形成创造性的新形象,勾画出新的设想。创造想象可以大大地促进人的思维能力,使人思维开阔,把大脑长期储存的各种信息统统唤醒,进行各种新的组合,诱发出灵感的火花,使技术发明、科学研究、艺术创作等一切创造活动顺利进行,从而揭示客观世界的种种奥秘,丰富人们的精神生活。

形成和发展创造想象,需要具备一定的条件:① 要有强烈的创造动机;② 扩大知识范围,增加表象储备;③ 积极的思维和灵感状态的出现。灵感是创造性思维能力、创造性想象力和记忆力的巧妙结合,也是想象者经过长期艰苦的思维活动的结果。灵感不是天上掉下来的,也不是人脑所固有的,它是一朵长期积累后偶尔得之的思想火花,"灵感是对艰苦劳动的奖赏"。

(3) 幻想:幻想是一种与生活愿望相结合并指向未来的想象。如有人向往遨游太空。它是创造想象的一种特殊形式,但与创造想象相比它又有自身的特点:一是幻想中所创造的形象总是体现个人的愿望,是人们所向往的事物。然而创造想象的形象就不一定是人所向往和喜欢的。如剧本里的反面人物,多半不是剧作家所向往和喜欢的。二是幻想不与目前行动直接联系,而是指向未来的活动。三是幻想是比较朦胧的、粗糙的,一般的创造想象是清晰的、细腻的。

幻想有积极和消极之分。积极的幻想是符合社会进步的要求,符合客观规律的。幻想有实现的可能性,就成为理想。理想是一个人重要的生活力量,是人们学习和工作的推动力,是科学预见的一部分,对人类生活和社会发展都具有重要意义。没有理想的人,看不到美好的前景,胸襟狭窄,生活黯然失色,是十分可悲的。

消极的幻想是违背社会要求、违背客观规律的,是不能实现的,所以称为空想。如有人想发明一种这样的眼镜,戴上它看东西可以过目不忘,这就是空想。陶醉在空想之中,使人脱离现实,丧失斗志,也可能蛮干徒劳,到头来空空如也。空想往往不能对人的精神起到积极引导作用,甚至会把人引向歧途,是我们应该反对和抵制的。

五、问题解决的思维过程

(一) 问题解决的基本程序

认知心理学的观点认为,问题解决是指一系列有目的指向性的认知操作过程。一般来说,问题解决的思维过程可分为四个阶段。

1. 发现问题　这是问题解决的首要环节。爱因斯坦说,提出一个问题比解决问题更重要,因为后者仅仅是方法和实验的过程,而提出问题则要找到问题的关键、要害。所以,善于发现和提出问题是思维发展水平的重要标志,它取决于三个条件:一是个人对活动的态度;二是个人的兴趣和求知欲;三是个人的知识经验。如一位有经验的老医生比一名新医生在临床诊断中更容易发现问题。这说明知识经验是发现问题的必要条件。

2. 分析问题　分析问题即分析所提出问题的特点与条件。分析问题要达到两个目的:一是把问题分解为一系列具体的方面。因为复杂的问题并不是单一的,而是由多方面组成的。二是在分解问题的基础上,搞清各方面之间的关系,从中找出问题的关键所在,以便在解决问题时集中精力,击中要害。分析,为解决问题指明了探索方向。如一位有丰富临床经验的医生,依据病人的主诉和临床体征,并结合相关的检查,进行全面客观的分析,得出正确的诊断。而一位经验不丰富的医生,可能就会得出错误的诊断,其原因就在于缺乏临床经验和知识。所以,分析问题的能力与人的知识经验有关。

3. 提出假设　提出假设就是找出解决问题的方案、策略或途径,这是解决问题的关键。提出假设就是假定问题应当怎样解决,这是一种深思熟虑的猜测。假设不应该是唯一的,有的问题复杂,可以提出各种各样的假设,最终确定最佳方案。最佳方案的产生不在于假设的数量,而在于假设的质量,即假设的合理性。能否提出切合实际的且具有合理性的假设也取决于知识经验。知识经验越丰富,思路就越开阔,找到解决问题的设想的可能性越大。

4. 验证假设　验证假设是通过实际活动或思维操作验证所提假设是否能够真正解决问题。验证假设的方法有两种:一种是直接验证法,即依据直接的实践结果来判定假设的正确与否;另一种是间接验证法,即以知识经验来判定假设的正确与否,所以间接验证法也称智力验证法。如果在实际行动中问题获得解决,即证明假设是正确的;否则,要重新提出假设。所谓"事后诸葛亮",其不足之处就在于选取解决问题的方案时,缺乏知识经验,辨别能力较差,常以碰运气来办事,结果往往以失败告终。因此,知识经验在筛选假设时所起到的作用是不可低估的。如一位临床经验不丰富的医生,在制定手术方案时,就可能考虑不周或是提出错误的处理方案。

纵观解决问题的全过程可以看出,知识经验是解决问题的必要条件。如果一个人缺乏

第二单元　认知过程

必需的知识经验,既不能发现问题又不能明确问题,更不能分析问题和解决问题。也就是说,我们在医疗工作中,既要积累临床经验,又要丰富自身的知识;同时,还要培养良好的思维能力,掌握科学的思维方法,才能顺利地解决所遇到的复杂问题。

课堂互动

请你举例说明临床护士解决病人健康问题时的思维过程?

(二) 影响问题解决的心理因素

影响问题解决的心理因素主要有:迁移、定势、功能固着、情绪、动机、个性等。

1. 迁移　迁移是指已经掌握的知识、技能可以影响随后学习的知识、技能。迁移有两种,即正迁移和负迁移。正迁移表现为已经掌握的知识、技能对学习新知识、新技能起促进作用。负迁移则相反,如初学英语往往受汉语语法的干扰。迁移的性质与程度取决于思维的灵活性及知识的概括水平。思维灵活、知识概括水平高,迁移的范围和可能性就大;思维刻板、知识概括水平低,则迁移就难。

2. 定势　定势是指心理活动的一种准备状态,表现为易于以惯用的方式方法解决问题的倾向。它对问题解决有时产生促进作用,有时产生妨碍作用。

3. 功能固着　功能固着是指个体在解决问题时只看到某种事物的通常功能,而看不到它的其他方面的功能。这种现象使人难以发现事物功能的新异之处,不利于人们灵活、变通地解决问题,因而使问题的顺利解决受阻。如钥匙是开锁用的,但必要时也可以来打开罐头、拧紧螺丝等。要突破功能固着观念的限制,一方面需要有丰富的知识经验,熟悉物体的不同功能;另一方面也要具有思维的灵活性,善于打破常规,运用发散思维。

4. 情绪　当一个人处在解决问题的情境中,必然会引起相应的情绪波动,而这种情绪波动反过来又会影响问题的解决。如果我们处在乐观、平静的情绪状态时,就能满怀信心地解决问题,思维灵活,思路开阔,容易找到解决问题的新线索;相反,如果情绪过分紧张、惶恐、烦躁、压抑等,就会使思路阻塞,不易发现解决问题的线索,陷入束手无策的境地,阻碍问题的解决。可见,情绪之所以会阻碍问题解决,是因为情绪会影响理智,而顺利地解决问题所需要的正是人的理智。

5. 动机　人们对活动的态度、社会责任感、求知欲等,都可以成为解决问题的动机,同时,也可以影响问题解决的效率。动机强度与解决问题效率之间的关系是一条倒置的U形曲线,即动机太强或太弱都会降低问题解决的效率。

6. 个性　个性特征是经常地、稳定地影响问题解决的因素。其中,能力直接影响着问题解决的效率,而气质、性格则直接影响着问题解决的风格。在能力、气质、性格三个因素中,又以能力和性格对问题解决的影响最为明显。研究证明,科学家、发明家、文学家、艺术家一般都具有积极乐观的人生态度、强烈的问题解决欲望、积极的进取心和自信心以及顽强的意志力等性格品质,这些优良品质是解决问题的内部动因,是不可缺少的心理条件。

六、思维品质及其培养

思维品质又称智慧品质,不同的人的思维品质有很大差异,但它却是思维能力的主要反映形式。培养最佳的思维品质是增强思维能力的重要途径。思维品质的标准可以从以下几个方面去衡量。

(一) 思维的逻辑性

思维的逻辑性是指思路清晰,条理清楚,严格遵循逻辑规律,概念准确,始终如一,判断有据,论证有理,理由充足,无懈可击,而不是含含糊糊、颠三倒四、牵强附会。

要使自己的思维有逻辑性,就要学习逻辑学,并要正确地掌握大量的词汇与系统的语法规则。平时使用口头与书面语言时,要注意明确、恰当、严谨。时间长了,就能使自己的思维具有逻辑性。医护人员、教师及法律工作者,特别需要这种思维品质。

(二) 思维的广阔性

思维的广阔性是指思路广泛。具有思维广阔性的人在解决问题时,能够全面考虑问题,不但能把握问题涉及的范围,而且能注重问题的重要细节和环节,既考虑到整体又想到问题的主要部分,既注重问题本身又不忽视与此问题有关的一切因素。

一个人的思维广阔与否主要取决于知识经验、思维方式、高级神经活动类型三个因素。因而,要有意识地在这三个方面进行培养:① 知识经验:知识经验以概念形式存储于大脑中,概念是思维的工具,知识经验丰富的人才能在思维时借助于丰富的概念进行广泛的联想,体现出思路宽广的特征。因此,我们必须拓宽知识面,有意识地阅读多方面的书籍,并善于在实践中总结经验和积累经验,以便将已有的知识经验用于当前所面临的问题,并对问题作出全面、深入的分析。② 思维方式:人们在思考问题时,能否做到全面、周到,与他长期形成的思维方式密切相关。所以,我们在学习和工作中,要有意识地培养和锻炼用周密、精细的思考方式去解决问题,较为全面、深刻地分析问题。③ 高级神经活动类型:从生理机制来看,思维的广阔与否也与一个人的高级神经活动类型有关。神经过程属于活泼型的人,思维时大脑皮质上形成的优势兴奋中心的区域大且经常转移、变化,新的条件反射容易形成,神经通路顺畅,体现为思路广阔的特征。而神经过程属于安静型的人,思维时大脑皮质形成的优势兴奋中心区域过于狭隘,不易形成新的条件反射,神经通道不够畅通,显然无法体现出思路广阔的特征。因此,属于安静型的人,必须丰富自己的知识和经验,有目的、有意识地在学习和工作中培养精细、周密的思维方式,才能克服自身思路不广阔的缺点。

(三) 思维的深刻性

思维的深刻性是指善于深刻地钻研与思考问题。它表现为善于透过问题的现象而深入问题的本质,善于揭露现象产生的原因,善于预测事物的发展趋势与未来状态,善于分辨事物的主与次、基本与枝节。

要使思维具有深刻性,除注重自己的知识因素和实践因素外,还必须自觉地用辩证唯物主义武装自己的头脑。因为辩证唯物主义能使我们全面地、本质地、发展地、客观地、长远地思考问题,而不是片面地、表面地、静止地、主观地、短暂地思考问题。

(四) 思维的独立性

思维的独立性是指善于独立思考。具有思维独立性的人善于独立思考,对任何问题,都要问一个为什么,不轻信、不盲从、不做思想懒汉。

要使自己具有思维的独立性,关键在于培养自己独立处理问题的能力。思维与问题是联系着的。只有经常独立地处理问题,才能逐步加强和发展思维的独立性。一个经常躲避问题或缺乏独立处理问题能力的人,是不可能使自己的思维凭空得到发展的。因此,在平时处理问题时,应不盲从、不依赖,主动地面对问题和处理问题,并且要积极争取独立处理问题的机会,这样才有利于培养与促进思维的独立性。

(五) 思维的批判性

思维的批判性是指善于冷静地考虑问题。具有思维批判性的人,能从实际出发,不易被强烈暗示所动摇,同时,又善于虚心地检验自己的意见和及时地放弃错误的假设及与此相关的行为,坚持客观性原则。所以说,思维的批判性是一种极其重要的思维品质。

思维的批判性与思维的独立性是相联系的。要具备思维的批判性,在独立思考的同时,还要增强自己的分析能力,善于质疑,并提出自己的新见解。这样,对人类现有的知识,也就能正确地加以批判,决定取舍。要善于辨别是非曲直,一旦发现自己思维中的错误,就要迅速纠正,只有这样才能养成思维的批判性。

(六) 思维的灵活性

思维的灵活性是指善于随机应变而不为成见所囿。具有思维灵活性的人,在时间、地点、条件发生改变时,能从实际出发,立即改变原有的解决问题的方案,适应新的情况,灵活地采用不同的方法、途径来解决问题。

要使思维具有灵活性,就必须以广博的知识为基础,从广阔的角度进行思考,而不被局限于某个狭窄的范围内。另外,要善于比较、应变、迁移、联系与转移。要克服心理定式的消极作用,积极发展求异思维,这样才有利于培养思维的灵活性。作为一名学生,要努力培养一题多解的能力及变更解题方法的意识,并在学习、工作中自觉增大思维强度,多思善思,就能使自己的思维在潜移默化中变得越来越灵活。

课堂互动

想一想　做一做。

九个点按下图排列,要求你一笔画出4条相连的直线,穿过这九个点,该怎么画？

扫一扫、知答案

在空白处画出正确的画法　　　　有何启发？

○　○　○

○　○　○

○　○　○

(七) 思维的敏捷性

思维的敏捷性是指在短时间内思维能迅速地发动起来,不优柔寡断,不轻率从事,及时正确地解决问题。它以许多重要的心理品质为必要前提。首先,以思维的广阔性、深刻性、灵活性为基础。只有具备了以上的心理品质才可能在处理问题时适应紧迫的情况,迅速、正确地作出决定。其次,以良好的记忆品质为前提。只有具备了能迅速、正确地从自己的记忆库中提取出所需要知识经验的能力,才可能在迫切的情况下,当机立断,敏捷、及时地解决问题。

思维的敏捷性通过专门训练,也会有所提高。如学生在做作业时,如果长期坚持"快"与"准"结合的定时训练,对于培养思维的敏捷性是十分有效的。另外,学生在学习过程中,掌握科学的记忆方法,不断地提高自己的记忆力,培养和发展自身的观察力和良好的注意力等各种品质,同样对思维敏捷性的培养有利。

知识拓展

创造性思维的培养

第一,积累知识经验。知识经验是激发创造性思维的必要条件,有助于形成解决问题的思路、程序和方法。所以,知识经验越丰富,越能激发创造性思维。

第二单元　认知过程

第二，增强各种兴趣。兴趣能牵引人的注意力，推动人去探究事物的奥秘，并使人在解决问题与寻求答案中表现出力求深入、锲而不舍的精神。显然，具有广泛兴趣的人容易激发创造性思维活动，也容易获得具有创造性的思维成果。所以，我们在学习过程中要培养兴趣、激发兴趣，才能使自己具有广泛的兴趣，才能有创造性思维活动的表现。

第三，学会发散思维与聚合思维。创造性思维是发散思维与聚合思维结合的产物。再创造活动中，往往需要从发散思维到聚合思维，又从聚合思维到发散思维，经多次循环往复，才能形成创造性思维成果。

第四，善于利用直觉。直觉与创造性活动关系极为密切。直觉能敏锐地洞见事物的实质，从现存的众多问题中分辨出具有创造性意义的研究课题。直觉还有助于选择正确的思路和最佳的解题方案，直觉更能激发灵感，使问题解决者在瞬间的顿悟中，产生创造性思维成果，新思想、新观念、新形象得以脱颖而出。所以，只要善于利用直觉，就有助于获得创造性思维成果。

课堂互动

根据所学知识，如何培养自身的创造性思维？

第四节 注意

学习目标

案例导入

16岁的小李同学学习成绩很好，课后作业及时完成，学习很是轻松。周围同学很是羡慕。他总是说："我只是上课注意力特别集中，跟着老师的思路走。"

请分析此案例中的注意的特点？我们如何训练自己，提高上课的注意力？

一、概述

（一）注意的概念

做游戏、知概念

注意是心理活动对一定对象的指向和集中。当一个人在学习或工作的时候，他们的心理活动总会指向和集中在某一对象上。如听课时,你正在认真地听讲,专心做笔记,尽管这时一只小鸟落在你身边的窗台上,你也并没有察觉到。这时你的心理活动集中在老师讲课内容上,无暇顾及其他事情。编码过程包含着大量的认知活动。注意与编码密切联系,注意总是集中于当前正在编码的信息,这是人脑信息加工的第一步。当然,注意并不限于对外在刺激进行编码,从记忆中提取信息进行加工也需要注意。不管注意指向于个体还是外部世界,它都具有两个特点:指向性和集中性。

(二) 注意的特点

1. 指向性　注意的指向性是指心理活动有选择地反映一定的对象,而忽略其余对象。如一个人在剧院里看戏,他的心理活动选择了舞台上演员的台词、动作、表情、服饰,而忽略了剧场里的观众。对前者他记忆深刻,而对后者只能留下非常模糊的印象,甚至看完了戏,仍不知他邻座的观众是一个什么样的人。在千变万化的世界中,有各种各样的信息作用于人,但人们不可能对所有的信息都作出反应,只能选择一定对象作出反应,这样才能保证知觉的精确性和完整性。

2. 集中性　注意的集中性是指心理活动停留在被选择的对象上的强度或紧张度,它使心理活动离开一切无关的事物,并且抑制多余的活动。如医生在做复杂的外科手术时,他的注意高度集中在病人的病患部位和自己的手术动作上,与手术无关的其他人和物,便排除在他的注意中心之外,以确保在手术过程中知觉清晰,思维敏捷,从而使动作准确、及时,避免差错。

指向性和集中性是同一注意状态下的两个方面,当人的注意力高度集中时,注意指向的范围就缩小。这时候,他对自己周围的一切就可能"视而不见,听而不闻"了。所以说,注意的指向性和集中性是密不可分的。注意不是一个独立的心理过程,它是伴随着心理过程而产生的,如果离开了心理过程,注意就失去了内容依托。它是各种心理过程的共同要素,任何心理过程离开了注意都将无法进行。

(三) 注意的功能

1. 选择的功能　对于作用于各种感受器的种种刺激只有加以注意,我们才能选出那些有意义的、重要的、符合需要的刺激。从各种可能的动作中选出与当前智力活动有关的记忆,也有赖于注意的作用。注意的选择功能,使一些强的、重要的或新的刺激被选择,而一些弱的、无关的或很熟悉的刺激被抑制。如果心理活动没有注意,我们就不可能将有关的信息检索出来,意识就会处于一片混沌状态。

2. 维持的功能　我们对从外界获得的感知信息、从记忆中提取的信息只有加以注意,才能保持在意识中或进行精致的加工,转换成更持久的形式存储在记忆中。没有注意的维持功能(即不记忆注意),头脑中的信息就会很快在意识中消失,任何智力操作都无法完成。

3. 调节和监督的功能　在注意状态下我们才能对自己的行为和活动进行调节和监督。人的生活是有目标的,无论是积极的目标还是消极的目标。注意使人能反馈信息,并相应地调节、监督自己的行为,使之与特定的目标一致。如果行为与目标不一致就进一步加以调节,直至达到目标。

二、注意的种类

课堂互动
走在大街上,什么样的人或物会引起你的注意?

(一) 无意注意

无意注意是指事先没有预定目的,也不需要作意志努力的注意。如在上课时,老师在讲台上展出一个模型,学生们自然地会注意这个模型。在安静的阅览室内,突然传来一声巨响,大家都不由自主地转过头去注意那个声音。这些都属于无意注意。这种注意的产生和维持,不是依靠意志努力,而是人们自然地对那些强烈的、新颖的和感兴趣的事物表现出心理活动的指向和集中。

在实际生活中,引起无意注意的原因经常综合在一起,但归纳起来可以分为以下两个方面。

1. 刺激物的特点　刺激物的特点包括如下几点:① 刺激的强度:刺激物的强度是引起无意注意的重要原因。强烈的刺激物,如强光、浓烈的气味,都会不由自主地引起人们的注意。强烈的刺激固然能引起人的注意,但引起无意注意的主要是刺激物的相对强度,即一个刺激物如果在其他强烈刺激背景下出现,可能不会引起人的注意。反之,则会引起人的注意。如在喧闹的大街上,大声说话不会引起人们的注意,但在寂静的夜晚,轻微的耳语声,也可能引起人们的注意。② 刺激物之间的对比关系:刺激物在强度、形状、大小、颜色和持续时间等方面与其他刺激物存在显著差别时会引起人们的无意注意。如绿草丛中的红花比绿草丛中的青蛙更能引起人们的注意。③ 刺激物的活动和变化:活动的、变化的刺激物比不活动、无变化的刺激物容易引起人们的注意。如霓虹灯一亮一暗,很容易引起人们的注意。④ 刺激物的新异性:新异的事物很容易成为注意的对象,而刻板的、多次重复的事物比较不容易吸引和维持注意。

2. 主观状态　无意注意虽然主要是由外界刺激物引起的,但也取决于人本身的状态。同样的事物,可能引起一些人的注意,而不会引起另一些人的注意。引起无意注意的主观原因有：① 人对事物的需要和兴趣：凡是能够满足人的需要和引起人的兴趣的事物都会使人产生期待的心情和积极的态度，从而引起无意注意。如建筑师出于职业的习惯，在外出旅游时，各式各样的建筑物都会自然而然地引起他们的注意。② 人当时的情绪状态和精神状态：人的心境在很大程度上影响着注意。如一个人心境开朗，心情愉快，平时不容易引起注意的事物，这时也很容易引起他的注意。反之，则不易引起他的注意。另外，人在过度疲劳时，常常不能觉察到精神饱满时容易注意的事物。人在精神饱满时，最容易对新鲜事物发生注意，而且注意也容易集中和持久。

（二）有意注意

有意注意（也称随意注意）是指有预定目的，需要一定意志努力的注意。如我们阅读一篇论文的时候，由于认识到学习这篇论文的重要性，便自觉地将注意集中于文章的内容，当学习遇到困难或环境中出现干扰时，我们通过意志努力，使注意力维持在学习的内容上，这种注意就是有意注意。

有意注意主动服从于既定的目的和任务，它受人自觉调节和支配，充分体现了人的能动作用。有意注意是在人类实践活动中发展起来的，是人类特有的注意，是注意的高级发展形式。但有意注意需要一定的意志努力，因此，主体易于产生疲劳。所以，要维持稳定的有意注意依赖于一系列条件。

第一，加深对活动的目的、任务的理解。有意注意是有预定目的的注意。人们对活动的目的、任务的重要意义理解得越清楚，对完成任务的愿望越强烈，那么，为完成这项活动任务所必需的一切就越能引起有意注意。

第二，培养间接兴趣。在有意注意中，人的兴趣具有间接的性质。这种兴趣是对活动目的的兴趣、对活动结果的兴趣。间接兴趣，特别是稳定的间接兴趣，是引起和保持有意注意的重要条件。如人们开始学习外语时，常常觉得记单词、学语法很单调和枯燥，但一旦认识到掌握外语的重要意义后，就能克服困难，专心致志地学习外语。

第三，合理地组织活动。在明确活动的目的、任务的前提下，合理地组织活动，有助于集中有意注意。合理地组织活动的方法有：智力活动与实际操作相结合；根据任务的需要，提出一定的自我要求，经常提醒自己保持注意；提出问题有利于加强有意注意。

第四，排除外界的干扰。外界干扰不利于人的坚持，应设法采取措施，排除与完成任务无关的干扰。

（三）有意后注意

有意后注意是指事前有预定的目的，不需要意志努力的注意。它是注意的一种特殊形式。它一方面与有意注意类似，因为它和自觉的目的、任务相联系;另一方面类似于无意注意,因为它不需要人的意志努力。如开始学习英语时没有兴趣,需要意志的努力才能继续学习,但随着活动的逐步深化,个体对它逐渐发生了兴趣,这时不需意志努力就能保持自己的注意,这就是有意注意转化为有意后注意。有意后注意是一种高级类型的注意,具有高度的稳定性,是人类从事创造性活动的必要条件。

课堂互动

1. 一节课长45分钟合理吗?
2. 注意是一种独立的心理过程吗?

三、注意的品质

(一) 注意的稳定性

注意的稳定性是指对同一对象或同一活动注意所能持续的时间。注意的稳定性有狭义和广义之分。

狭义的稳定性是指注意保持在某一事物上的时间。人对同一事物的注意是无法长时间地保持固定不变的。如把一只表放在被试者的身边,保持一定的距离,使他能够隐约地听到表的滴答声。结果被试者会时而听到表的滴答声,时而听不到。注意这种周期性的加强或减弱的变化现象,称为注意的起伏。

广义的稳定性是指注意保持在某一活动上的时间。广义的稳定性意味着注意并不总是指向一个事物,而是指注意所接触的事物可以变化,但注意所维持的活动总方向始终不变。如学生听课时,一会儿听老师讲,一会儿记笔记,一会儿思考,虽然注意力在几个事物之间转换,但都服从于听课这一总任务。

与注意稳定相反的品质叫注意不稳定,其表现为注意分散。注意分散是指注意不自觉地离开当前的活动而被无关刺激所吸引。这主要是由于无关刺激的干扰或单调刺激的长时间作用。因此,为了集中注意,除了设法避开干扰刺激外,还应该对干扰刺激保持平静的态度。

(二) 注意的广度

注意的广度也叫注意的范围,是指在同一时间内能清楚地把握对象的数量。影响广度的因素有两个:① 对象方面,越集中、有规律、能构成相互联系的对象,被注意的范围也就越大。如对排成一行的字母,比被分散在各个角落上的字母的注意数目要多一些。② 个体方面,每个人的活动任务和知识经验影响注意广度。如刚学会阅读的学生阅读速度是很慢的,且注意范围也较小。

（三）注意的分配

注意的分配是指在同一时间内,把注意指向不同的对象或活动上,如一边听体育老师讲,一边跟老师做动作。良好的注意分配是有条件的。首先,同时进行的几种活动中必须有一种是熟练的。如学生上课边听边记。其次,同时进行的几种活动之间的关系也很重要。如自拉（胡琴）自唱（戏）、边歌边舞,将拉和唱、歌和舞联系,就有利于注意的分配。但有些复杂活动之间的联系必须通过训练后才能形成一定的反应系统,如驾驶汽车的复杂动作。

（四）注意的转移

注意的转移是根据新的任务,主动地把注意从一个对象转移到另一个对象上。注意转移的快慢和难易,依赖于原来注意的强度以及引起注意转移的新事物的性质。原来注意的强度越大,新的事物或新的活动越不符合引起注意的条件,转移注意也就越困难。

注意的上述品质是密切联系的。正常人通过有意识的训练,注意的品质也是可以得到改善和提高的。

知识拓展

色彩与注意

越来越多的研究发现,颜色会对人的注意产生重大影响。通常教师都要使用黑板、粉笔,而研究发现"黑白分明"会使人产生沉重、肃穆的感觉,容易降低大脑皮层的兴奋性,而用绿色的粉笔在浅黄色的"黄板"上写字则有利于学生集中注意、活跃思维。教科书白纸黑字的印刷方式也处于变革之中。德国专家的研究证明,橙色是一种"温和的兴奋剂",这种色彩的教科书会使学生变得温和而稳定。

四、提高注意力的方法

提高注意力,即优化注意的品质,使之范围宽阔、保持良久、善于分配、转移灵活。要实现以上的目标,可以采取以下方法。

（一）养成良好的注意习惯

1. 养成良好的姿势　头靠在坐椅上听课或躺在床上读书,注意力肯定是不会高度集中的。为了提高注意力,必须养成良好的注意习惯——从坐姿端正开始。虽然一开始会觉得不舒服,甚至还有些痛苦,但只要坚持下去,就会逐渐体会到它的好处。

2. 因时、因地集中注意　即一定时间注意一定的对象。如上课就注意听讲,开会就注意开会,不去做别的。如果能做到这些,就能获得稳定的注意。否则,定会顾此失彼,效率低下。

3. 善于变换学习活动　多样化的学习活动最能保持注意的稳定性或提高注意效率,使人精力充沛,不易感到厌倦。因此,避免在学习过程中单纯地看或单纯地写,只有把看、读、写、听结合起来,交替进行,才能有效地维持自己的注意。

4. 每次都善始善终　只要学习开始,就要全身心地投入,把一切与学习无关的事物统统抛置脑后。学习进程中,要养成"自我提问"的习惯,通过问题把分散的注意汇集聚拢;要养成"自我提醒"的习惯,即根据任务或要求,经常提醒自己注意正在进行的活动。特别是学习刚要"松劲"的时候,更要及时向自己提出"集中注意"的要求,以便保持注意的集中。遇到困难后,就要调动自己的意志力量,强迫自己去集中注意;在学习快要结束时,更要使注意保持紧张状态,做到有始有终,绝不能虎头蛇尾。

(二) 分析自己的注意品质,扬长避短

每个人的注意品质都存在着好的方面,也存在着不足,如注意某个对象有稳定的也有不稳定的,注意的分配有协调的也有松散的,注意的转移有灵活的也有迟钝的。对于不同的活动,注意品质有的适宜,有的不适宜。因而,每个人都应分析自己的注意品质,善于利用优点、发扬优点;也要善于回避缺点、改正缺点,从而使自己成为注意的主人。

(三) 强化意志,克服干扰

注意涣散与内外干扰有关。内部干扰,主要指疲劳、疾病,与工作和学习无关的情绪等。要克服内部干扰,就要避免用脑过度,保持充足的睡眠,防止身心疲劳,积极锻炼身体,促进神经系统功能的完善,增强对外界刺激的适应能力。外部干扰,主要指无关的声音或分散注意的视觉刺激物,以及人们感兴趣的事物等。要克服外部干扰,就要尽量免除妨碍注意的外界刺激,更重要的是有意识地锻炼自己"闹中求静"的本领,使注意力高度集中。如训练自己在有干扰刺激的环境下阅读课文,进行定量作业练习,以此刻意锻炼自己的意志力,不断提高注意力。

(四) 自我暗示法

自我暗示法即学习、工作时,经常用自言自语的方式提醒自己,"集中注意""不要分心""努力听讲";也可以用卡片,上面写着"专心听讲,不要走神儿""少壮不努力,老大徒伤悲"等。然后把它们放到显眼之处,不断提醒自己,激发内在心理潜力,调动心理活动积极性,以稳定注意力。

（五）情境想象法

不论多么爱走神的学生，当参加重要的考试或竞赛时，他也会尽可能地集中注意完成考试，发挥出最佳水平，同样，在每次做作业时想象自己是在参加某次重要的考试或竞赛，要在规定的时间内完成，这样就可以使自己真正紧张起来，那么注意力就自然集中了。著名数学家杨乐说过："平时做作业像考试一样认真，考试时就能像做作业一样轻松。"

（六）训练听课技巧

有意注意是一种复杂的脑力劳动，长时间的劳动会使大脑疲劳，从而导致注意力分散。要确保听课时注意集中，就得训练听课技巧。训练听课技巧，一是要求学习者做好课前预习，了解老师讲课的重点、难点；二是带着问题听讲，可以有意识地寻找问题，发现问题，激发听课兴趣；三是跟上老师讲课的思路，找出自己的疑难点。

（七）静坐放松法

静坐放松训练，能使人心情舒畅、情绪稳定。具体操作如下：端坐在椅子的1/3处，不要靠在椅背上。人体放松而不松懈，处于安静自然、轻松舒适的状态。头放正，下颌内收，舌抵上腭，两腿自然分开，双脚着地，两手轻轻放在大腿上，呼吸自然、均匀。然后播放伴以抒情轻音乐的诱导语……然后慢慢睁开双眼。

知识拓展

检查自己的注意力

下面表格中所列的数字为10至59，如果你能在30秒内找到3个连续的数字（如10、11、12或37、38、39），说明你的注意力水平属中等；如果你能在15秒内找到，说明你的注意力水平属上等；而如果你要一分半钟才能找到，则说明你漫不经心，注意力需要好好训练了。

34	19	42	54	45
26	16	39	28	57
40	35	14	56	30
12	29	44	51	23
50	43	36	24	11
37	20	55	32	47
25	41	17	53	38
52	18	21	31	46
13	22	48	10	58

单元测试

一、名词解释

1. 感觉　　2. 知觉　　3. 记忆　　4. 思维　　5. 有意后注意

二、单项选择题

1. "入芝兰之室,久而不闻其香;入鲍鱼之肆,久而不闻其臭",正是感觉特性的(　　)。

A. 错觉　　　　　　　B. 适应　　　　　　　C. 对比

D. 相互作用　　　　　E. 补偿作用

2. 护士可以从婴儿不同的哭声中分辨其需要,采取相应的护理措施,这种能力属于知觉的(　　)。

A. 选择性　　　　　　B. 整体性　　　　　　C. 理解性

D. 恒常性　　　　　　E. 个别性

3. 护士在配合抢救病人时能高度集中注意几个小时,体现了注意的(　　)。

A. 广度　　　　　　　B. 稳定性　　　　　　C. 分配

D. 转移　　　　　　　E. 分散

4. 新毕业的护士根据过去所学的知识完成了对危重患者的护理任务,这种心理活动属于(　　)。

A. 记忆　　　　　　　B. 回忆　　　　　　　C. 思维

D. 注意　　　　　　　E. 再认

5. 医生在为患者查体时,运用"望、触、叩、听"的方法,对病情做出初步判断,这时医生的心理活动主要是(　　)。

A. 想象　　　　　　　B. 记忆　　　　　　　C. 思维

D. 注意　　　　　　　E. 感知觉

(蒙雅萍)

第三单元

情绪与情感

学习目标

1. 掌握：情绪与情感的基本概念、特点与功能，情绪对心身健康的影响。
2. 熟悉：情绪的状态及其对人的影响作用。
3. 了解：情绪与情感的分类、情绪的生理机制与外部表现。
4. 学会健康情绪培养的方法。

人非草木，孰能无情。情绪和情感是我们心理活动的重要内容，为我们的生活提供了丰富色彩。由于它复杂多变，所以备受我们关注；更由于它是人的心理活动向生理活动转化的媒介，所以更值得我们去研究。

本单元将在以下三个方面对你有所帮助：一是揭示情绪情感的实质和特点，阐明情绪情感对人的行为的影响，让你明了情为何物；二是阐述情绪的状态及其表现形式，提高你察言观色的能力；三是揭示情绪与健康的关系，为你驾驭自己的情绪并帮助他人维护心理健康打开一扇希望之窗。

第一节 概述

案例导入

"最后一圈！"校运会男子3 000米赛场上，工作人员的提醒，让小鹏感觉如同一道指令，全身被注入一股力量，他努力地把自己分散的注意力收回来，紧紧地盯着前方，400米，200米，50米……身体往前一压，他第一个冲过了终点线！那一刻，他的眼泪一下子冒了出来，一旁呐喊助威的同学们涌过来，拥着他，兴奋地笑着闹着……

请思考：赛后小鹏和他的同学们内心是什么样的体验？

一、情绪与情感的概念

情绪与情感伴随着认知过程而产生,并对认知过程以及意志行为产生重大影响,也是人对客观现实关系的一种反映形式。所谓情绪和情感是指人对客观事物是否符合自己的需要而产生的态度体验。情绪的概念,可从以下三个方面来理解:

(一) 客观事物是情绪产生的源泉

任何情绪都不是自发的,而是由某种事物引起的,离开了客观事物,情绪就成了无源之水、无本之木。引起情绪的客观事物包括发生在主体周围的人和事,也包括主体本身的生理状态。

(二) 情绪的产生是以客观事物是否符合人的需要为中介

需要在人的情绪产生过程中起着关键作用。情绪实质上是对人与客观事物的一种"需要"关系的反映。只有那些与人的需要相联系的客观事物才能引起人的情绪。若客观事物符合人的需要,就会引起人的诸如快乐、满意、爱慕等积极的情绪;若客观事物只能部分符合需要,则会引起喜忧参半、百感交集、积极与消极相互交织的情绪;若客观事物不能符合人的需要,就会引起诸如生气、苦闷、不满、憎恨等消极的情绪。

(三) 情绪是对事物态度的体验,不是态度本身

体验是情绪的基本特色,离开了体验,也就没有了情绪。人们在与周围世界交互作用时,与事物发生多种多样的关系。事物对人具有一定的意义,人对这些事物也就抱有这样或那样的态度。这种态度总是以带有特殊色彩的体验形式表现出来。如作为客观存在的月亮有"圆、缺"的时候,这与人悲欢离合并无任何关系,但人们在抬头望月的时候常常会产生这样那样的情绪,这是一种主观态度的体验。

二、情绪与情感的区别与联系

为区别于认识过程,人们把对客观事物态度的体验叫作感情。但是,感情这一概念比较笼统,它难以表达这一心理现象的全部特征。为了区别出感情发生的过程和在这一过程中产生的体验,人们采用了情绪和情感的概念。实际上情绪和情感指的是同一过程和同一现象,只是分别强调了同一心理现象的两个不同方面。

情绪指的是感情反映的过程,也就是脑的活动过程。从这一点来说,情绪这一概念

既可以用于人类,也可用于动物。情感则常被用来描述具有深刻而稳定的社会意义的感情,如对祖国的热爱,对敌人的仇恨;对美的欣赏,对丑的厌恶等。所以情感代表的是感情的内容,即感情的体验和感受。和情绪相比,情感具有更大的稳定性、深刻性和持久性。

心理学主要研究感情反映的发生、发展的过程和规律,因此较多使用的是情绪这一概念。

三、情绪与情感的两极性

情绪与情感的两极性是指每一种情绪与情感在快感度、紧张度、激动度和强度上都存在着互相对立的两极状态。主要表现在以下方面。

(一) 肯定性和否定性

肯定性的情绪和情感是愉快的,与需要的满足相联系,如满意、快乐等;否定性的情绪和情感是不愉快的,与需要的不被满足相联系,如不满意、悲哀等。

(二) 紧张性和轻松性

这是人处在活动的紧要关头时表现出来的两极性。通常在紧要关头的前夕,当事人一般会有紧张的情绪与情感体验,事后往往会有紧张的解除和轻松的体验。

(三) 激动性和平静性

激动的情绪和情感是强烈的、短暂的、爆发式的体验,如激愤、狂怒、狂喜等。平静的情绪与情感是在平静状态下的体验。

(四) 强与弱的两极状态

强的情绪情感是激动的体验,弱的情绪情感是较平静的体验。人产生的任何情绪情感都会有强弱变化的不同等级,如从愠怒到狂怒,从担心到恐惧,从满意到狂喜等。

四、情绪与情感的功能

(一) 适应功能

情绪和情感是有机体生存、发展和适应环境的重要手段。有机体通过情绪和情感所引起的生理反应能够调动身体的能量,使机体处于适宜的活动状态,便于机体适应环境的变化。同时,情绪和情感还可以通过表情表现出来,以便得到别人的同情和帮助。例如,在危险的情况下,人的情绪反应使机体处于高度紧张的状态,从而调动身体能量,让人可以进行搏斗,也可以让人呼救。

情绪和情感的适应功能从根本上来说,就是服务于改善人的生存和生活的条件。婴儿通过情绪反应与成人交流,以便得到成人的抚爱;成人通过情绪表现来反映他的处境是好还是坏。在社会生活中,人们用微笑表示友好,用示威表示反对;人们还可以通过察言观色了解对方的情绪状态,以决定自己的对策,维护正常的人际关系。这些都是为了更好地适应社会需要,求得更好的生存发展的条件。

(二) 动机功能

情绪和情感构成一个基本的动机系统,它可以驱动有机体从事活动,提高人的活动效率。

一般来说,内驱力是激活有机体行为的动力,但是,情绪和情感可以对内驱力提供的信号产生放大和增强的作用,从而能更有力地激发有机体的行为。例如,缺水通过刺激中枢产生口渴感,但只是这种"口渴感"还不足以驱动人的行为,如果意识到缺水会给身体带来危害,就会产生紧迫感和心理上的恐惧,这时,情绪和情感就放大和增强了内驱力提供的信号,从而驱动了人的取水行为,成为人的行为动机。

(三) 组织功能

情绪和情感对其他心理活动具有组织作用,它表现在积极的情绪和情感对活动起着协调和促进的作用;消极的情绪和情感对活动起着瓦解和破坏的作用。这种作用的大小还和情绪情感的强度有关,一般来说,中等强度的愉快情绪有利于人的认知活动和操作的效果;痛苦、恐惧这样的负性情绪则降低操作的效果,而且强度越大,效果越差。

情绪和情感对记忆的影响表现在,当人处于愉快的情绪状态下,容易记住带有愉快色彩的材料;在某种情绪状态下记住的材料,在同样的情绪状态下也容易回忆起来。

情绪和情感对行为的影响表现在,当人处于积极的情绪状态时,容易注意事物美好的一面,态度变得和善,也乐于助人,勇于承担重任;在消极情绪状态下,人看问题容易悲观,懒于追求,更容易产生攻击性行为。

(四) 信号功能

情绪和情感具有传递信息、沟通思想的功能。情绪和情感都有外部的表现,这就是表情。情绪和情感的信号功能是通过表情来实现的,如微笑表示友好,点头表示同意等。表情还和身体的健康状况有关,医生常把表情作为诊断的指标之一,中医的"望、闻、问、切"的"望"包括对表情的观察。此外,表情既是思想的信号,又是言语交流的重要补充手段,在信息交流中起着重要的作用。从发生时间上来说,表情的交流比言语的交流出现得要早。

第二节
情绪与情感的分类

案例导入

好机会!球传到小景跟前,他敏捷地一跃而起,接过篮球正想向篮筐投出。正在这时,对方一名队员也同时跃起,撞在小景身上,小景一下子摔在地上,球也被撞飞了。小景气得双目圆睁,抿紧嘴唇,腮帮鼓鼓的,鼻翼一张一翕,似乎要冒出烟来……

思考:这段文字形象地描述了一种怎样的情绪?在生活中,你如何判断人的情绪?

一、人类情绪的基本类别

人类的情绪表现多种多样,千姿万态,因此,情绪的分类十分复杂和困难。下面我们只谈谈四种常见的基本情绪形式,即快乐、愤怒、悲哀和恐惧。

(一)快乐

快乐是盼望的目的达到后继之而来的紧张解除时的情绪体验。快乐又分为满意、愉快、欢乐、狂喜等。

(二)愤怒

愤怒是指个体需要受到外界干扰而无法实现目的时产生的情绪体验。愤怒的程度取决于干扰的程度、次数及方式,并受个性心理影响。愤怒按照程度不同可分为不满、愠怒、大怒、暴怒等。

(三)悲哀

悲哀是指需要的对象遗失、破裂或幻灭时所产生的情绪体验。悲哀的程度取决于需要对象的价值。根据程度不同,悲哀可分为遗憾、失望、难过、悲伤、极度哀痛等。

（四）恐惧

恐惧是指个体为了摆脱某种危险情境的需要而又无能为力时产生的情绪体验。引起恐惧的刺激因素是多方面的，但关键因素还是主体自身缺乏处理可怕情境的能力。恐惧又分为惊讶、害怕、惊骇、恐怖等。

二、情绪状态

情绪状态在一个人的生活中有很大的意义，根据情绪发生的强度、速度、紧张度和持续性，可以把日常生活中人们的情绪状态分为心境、激情和应激。

（一）心境

心境是一种微弱而持久影响人的整个精神活动的情绪状态，通常被人们称为心情，它具有广延、弥漫性的特点。它不是关于某一事物的特定体验，而是某一特定情绪发生后并不马上消失，还要保留一段时间。在此时间内，人把这种特定情绪投射到其他事物上面，使这些事物都带上先前的情绪特点。心境产生的原因是多方面的。如工作的好坏，学习成绩的优劣，生活习惯的改变，人际关系的融洽程度，甚至季节的变化等，都可能成为引起某种心境的原因。但在很多情况下，人并不能意识到引起心境的原因。心境对人的工作、学习和健康有很大影响。积极的心境有助于工作和学习，能促进人的主观能动性的发挥，提高人的活动效率，并且有益于人的健康。消极的心境使人意志消沉，降低人的活动效率，妨碍工作和学习，有害于人的健康。因此，要善于调节和控制自己的心境，形成和保持积极良好的心境。

（二）激情

激情是一种强烈而短暂的、爆发式的情绪状态。这种情绪状态通常是由对个人生活有重大意义的事件所引起的。重大成功后的狂喜，惨遭失败时的绝望，亲人突然死亡引起的极度悲痛，突如其来的危险所带来的异常恐惧等，都是激情状态。激情发生时往往伴有生理变化和明显的外部行为表现，例如，盛怒时人全身肌肉紧张，双目直视，怒发冲冠，咬牙切齿，紧握双拳等；狂喜时眉开眼笑，手舞足蹈。激情状态下，人的认知活动范围往往会缩小，自我控制力减弱，往往不能约束自己的行动，不能正确评价自己行动的意义及后果，但仍能有意识，只是模糊些。因此，对于不良的激情需要动员意志力，有意识地控制自己，转移注意力，以冲淡激情爆发的程度。但有些激情是积极的，它可以成为激发人积极地投入行动的巨大动力，在这种情况下，过于抑制激情是完全不必要的，从个性培养来看，也是不利的。

(三) 应激

应激是出乎意料的紧急情况下所引起的高度紧张状态。突发的事件、意外的事故、过重的精神和身体负担等都可导致应激状态。在应激状态下,整个机体的激活水平增高,人的肌张力、血压、内分泌、心率、呼吸等发生明显的变化。由于身体各部分机能的改变,个体发生不同的心理行为变化。在应激状态中,人可能有两种行为反应:一种是身心紧张,精力旺盛,思维敏捷,急中生智,摆脱困境,化险为夷;另一种是行为紊乱,思维混乱,分析判断能力减弱,感知和记忆力下降,忙中出错,不能准确地采取符合当时目的的行动。人如果长时间处于应激状态,对健康是很不利的,有时是很危险的。

三、情感的类型

情感是与人的社会需要相联系的主观体验,是人类所特有的心理现象之一。人类高级的社会性情感主要有道德感、理智感和美感。

(一) 道德感

道德感是指根据一定的社会道德标准,评价人的行为和思想时所产生的情感体验。道德感按其内容包括:对自己祖国的自豪感和尊严感,对敌人的仇恨感,对社会劳动和公共事务的义务感、责任感;对社会、集体的集体主义感、荣誉感;对朋友的友谊感;国际主义情感等。道德感是在社会实践中发生和发展的,不同历史时代、不同社会、不同阶级具有不同的道德标准,因而人的道德感具有社会性、历史性和阶级性。

(二) 理智感

理智感是个人对智力活动的需要和意愿是否满足而产生的情感体验。人的好奇心、求知欲、惊奇感、喜悦感、自信感都是理智感的不同表现形式。理智感是在人们的认知活动中发生发展的,同时又推动人们认知活动的进行和深入。任何学习活动、科学发明、艺术创作都与理智感分不开。

(三) 美感

美感是事物是否符合个人审美需要而产生的情感体验。人们欣赏自然景物时产生的一种美好情感体验是自然美感;对国家的社会制度、生活方式、社会风貌等欣赏评价时体验的美感是社会美感;在欣赏评价各类艺术时产生的美感为艺术美感。美感受个人的审美观、审美能力以及社会、历史、生活条件等诸多因素的影响。

第三节
情绪的生理机制与外部表现

案例导入

小志在食堂排队打饭,前面还有好些同学,他还要赶着去打扫卫生,学生会要检查。心里正有些着急时,旁边来了位男同学,他还没反应过来,那名同学居然跟他的面前同学招呼一下就排进了队伍。小志提醒对方说:"后来的同学请排队。"谁知道插队的男同学白了他一眼,挑衅地说:"我就插队了又怎么,你管得着吗?"小志一听,气得满脸涨得通红,双手不由自主地握成拳头,微微地颤抖着,胸脯剧烈地起伏着,"呼哧呼哧"的呼吸声格外的清晰……

请思考:为什么人在生气的时候会有这样的表现?

情绪与情感是神经系统多级水平协同作用的结果,本节主要介绍情绪状态下的神经生理机制、机体内部的生理变化以及外部表现。

一、情绪的脑机制的研究

许多研究表明,情绪反应的特点在很大程度上取决于下丘脑、边缘系统和脑干网状结构的功能,大脑皮质则对皮质下中枢的活动起调节作用。

(一) 下丘脑

下丘脑不仅是自主神经系统的皮质下中枢,而且与情绪反应关系密切。实验表明,下丘脑后区是产生愤怒反应必不可少的区域,也与恐惧等逃避反应相关联。如果下丘脑遭破坏,动物不能表现出充分协调的愤怒反应。奥尔兹等人发现,下丘脑等部位存在着"快乐中枢"和"痛苦中枢",刺激这些部位,人和动物都有愉快或不愉快的情绪体验产生。实验是这样的:在老鼠的下丘脑背部埋上电极,另一端与一杠杆相连,杠杆又与电源连接。按压杠杆,在埋电极的脑部就会受到一个微弱的电刺激,并引起老鼠产生快乐和满足的体验。经反复学习,老鼠形成了操作性条件反射。为了追求快乐,老鼠就不断地按压杠杆,每小时可达5 000次,并连续按压15~20小时,直到筋疲力尽,入睡为止。如在老鼠的其他脑部位埋上电极,快乐效果不明显或根本不出现上述情况,有时还可能体验到痛苦,这时,老鼠就会按压截断电刺激的杠杆。后来,有人将"自我刺激"的方法运用于病人,也取得同样的结果,说明人的丘脑中也存在着重要的情绪中枢。

(二) 边缘系统

边缘系统是整合情绪体验的重要区域。其主要功能是调节自主神经系统的活动,是支配探究反射、进食、攻击、逃避行为等的皮下中枢。它在情绪的反应中,也有重要作用。美国神经学家斯维特和马克,根据神经科的病理检查和对癫痫病人发作史的研究,认为边缘系统的杏仁核(与海马相连部位)与情绪反应的关系十分密切。如果切除双侧杏仁核可以降低病人凶暴的情绪反应。

(三) 网状结构

网状结构与激活或唤醒有关,对呼吸和心血管活动有重要的调节作用,是产生情绪的必要条件。美国心理学家林斯利1951年提出了激活的学说,认为网状结构的功能在于唤醒。美国医学家鲁克和富尔顿根据林斯利的激活学说推论:精神病患者的情绪障碍,可能是由于网状结构系统的机能减弱或被破坏。

(四) 大脑皮质

大脑皮质是皮下神经活动和有机体一切活动的最高调节者,也是人类情绪和情感体验的最高调节者。研究表明,人的大脑皮质受损会导致情绪和情感的严重异常。巴甫洛夫指出,动力定型的维持、发展和破坏会引起肯定或否定的情感。阿诺德认为,外部刺激要经过个体的评价和估量才引起有关情绪,而评估是在大脑皮质上进行的。人类可以通过第二信号系统来调节和控制情感。

二、情绪状态下的生理变化

情绪过程不同于其他心理过程,主要表现在情绪总伴随着一系列的生理变化,包括呼吸系统、循环系统、消化系统、内外分泌系统等方面的变化。

(一) 呼吸系统

呼吸的深浅、快慢、是否均匀都会随着情绪的变化而变化。正常情况时人的呼吸每分钟为16~20次，消极悲哀时每分钟只有9次，愤怒时可超过40次，恐惧时可高达60次，而且节律也变得不规则。突然惊愕还可以使呼吸暂停。在狂喜或极度悲痛时，呼吸会发生痉挛现象。

（二）循环系统

在情绪状态下，循环系统的活动一方面表现为心搏速度和强度的改变，一方面表现为周身血管舒张与收缩的变化。例如，满意、愉快时，心跳节律正常；抑郁时心率减慢，心排血量减少，血流减缓；紧张、焦虑时心率加快，体表及部分内脏血管收缩，外周阻力增大，血压上升。

（三）消化系统

情绪对消化系统的影响表现在紧张、焦虑、激动时，胃液分泌量增加，胃蠕动加快；抑郁、悲哀、沮丧时则胃液分泌量减少，胃蠕动减慢；极度的紧张或恐惧可以引起肛门括肌松弛而出现大便失禁。

（四）内外分泌腺的变化

不同的情绪状态会引起各种腺体分泌的变化。例如，悲痛或过于高兴使人流泪；焦急或恐惧时人会出汗；紧张时唾液腺等消化腺的分泌受到抑制，人会感到口干、食欲减退。内分泌腺的变化表现为焦急不安者血液中肾上腺素增多；愤怒者血液中去甲肾上腺素增多。

（五）脑电和皮肤电的变化

人在不同情绪状态下，脑电波会发生变化。通常人处于清醒、安静、闭目状态时脑电波呈现 α 波；在紧张、焦虑状态下，出现高频率、低振幅的 β 波；在熟睡时，则出现低频率、高振幅的 δ 波。皮肤电的变化也是情绪变化的指标。皮肤电的变化是由皮肤血管收缩和汗腺分泌的变化引起的，在紧张情绪下，皮肤电阻降低，过度疲劳时皮肤电阻增大。

> **知识拓展**
>
> **情绪活动与胃溃疡**
>
> 1943年心理生理学家沃尔夫偶然遇到了一个名叫汤姆的病人。汤姆因误食一种腐蚀性的溶液而灼伤了食管，不能再进食。外科医生在他的胃部开了一个口，以便把食物直接灌入胃中，同时也提供了从洞口直接观察胃黏膜活动的机会。人们意外地发现，当病人处于紧张的情绪状态中时，胃黏膜会分泌出大量的胃液，而胃液分泌过多将会导致胃溃疡。

有人将准备考试而学习到深夜的学生同那些不参加考试的学生进行比较,发现"考试组"比"非考试组"由于焦虑而有更多的胃酸分泌。这揭示不良情绪可能导致躯体的疾病。

动物实验验证了有关发现的正确性。布雷迪把两只猴子绑在并排的两把椅子上,其中的一只被称为"执行猴"。训练"执行猴"按到杠杆以使它和另一只猴子避开电击:如果超过20秒钟没有按动杠杆,两者均受电击。在此情形下,后一只猴子的命运完全交给了"执行猴"。实验结果发现,"执行猴"发生了溃疡,而另一只猴子却没有。研究者解释,长期的慢性焦虑导致副交感神经活动占优势,引起胃酸的过多分泌并最终导致溃疡。

三、情绪的外部表现——表情

(一)面部表情

面部表情是指通过眼部、颜面和口部肌肉的变化来表现各种情绪状态。它是人类表达情绪的主要形式。关于面部表情的研究,美国心理学家艾克曼研究了不同民族、不同文化、不同背景的人们对六种面部表情的辨别,发现人们的判断具有相当的一致性。美国心理学家汤姆金斯对假定的8种原始情绪如兴趣、愉快、惊奇、悲痛、恐惧、羞愧、轻蔑、愤怒进行研究,提出每一种原始情绪的相应面部表情的模式(表3-1)。

表3-1 情绪及其相应的眼部、面部表情

情绪	眼部表情	情绪	面部表情
愉快	下眼睑有皱纹,外眦处有鱼尾纹	兴趣—兴奋	眉眼朝上,眼追随着看,倾听
悲伤	由于眉内侧角抬起,上眼睑内侧角可能也会抬高	愉快	笑,嘴唇朝上外扩展,眼笑(环形皱纹)
惊讶	上眼睑抬起,眼上部或下中露出巩膜	惊奇	眼眉朝上,眨眼
		悲痛	哭,眼眉拱起,嘴朝下,有泪,有韵律地啜泣
恐惧	上眼睑抬起,眼上部露出巩膜,上眼睑拉起而且绷紧	恐惧	眼呆张,脸色苍白,脸出汗,发抖,毛发竖立
厌恶	上眼睑放低下,下眼睑挤起但不绷紧,下面显出皱纹	羞愧—羞辱	眼朝下,头抬起
愤怒	眼会显得鼓胀,上下眼睑都极紧,由于眉降低上眼睑会下降,而下眼睑会抬高	轻蔑—厌恶	冷笑,嘴唇朝上
		愤怒	皱眉,咬紧牙关,眼裂变窄,面部发红

此外，美国一些心理学家提出人面部的不同部位在表情表达方面的作用是不同的，如眼睛表达忧伤最重要，口部对表达快乐与厌恶最重要，前额能提供惊奇的信号，眼睛、嘴和额对表达愤怒情绪是重要的。我国心理学家林传鼎证明，口部肌肉对表达喜悦、怨恨等少数情绪比眼部肌肉重要；而眼部肌肉对表达忧愁、愤恨、惊骇等，则比口部肌肉重要。

（二）身段表情

情绪发生时，身体各部分呈现的姿态称为身段，通常称为"体语"。如，得意时"手舞足蹈"；忧愁时"垂头丧气"；紧张时"坐立不安"等。手势是身段表现的重要形式。手势通常和言语一起作用，表达赞成或反对、接纳或拒绝、喜欢或厌恶等态度，也常单独用来表达情绪、思想或做出指示。身段表情是通过学习获得的，并受社会风俗习惯、文化背景的制约，不仅有个体差异，而且有种族、地域的差异。例如，点头在中国、法国等许多国家表示"对"，而在保加利亚则表示"不对"；中国人以竖起拇指表示夸奖、好的意思，而在有些国家则表示侮辱等。

（三）言语表情

言语表情是情绪在语言的音调、节奏和速度等方面的表现。言语不仅是交流思想的工具，也是传达情绪信息的手段。如人在高兴时音调轻快，悲哀时声音缓慢，愤怒时声音大而且严厉。

第四节
情绪与健康

📁 案例导入

每天，我总是担心学习赶不上。更糟糕的是第一学期我就有一科要补考，我觉得真是糟糕透了。我觉得全班同学的眼睛都盯着我，我的脸上像爬着蚂蚁一样难受，痛苦、忧伤交织在心头。我整日心事重重，自暴自弃，不想吃东西，体重减轻，睡不着觉。我对什么都没有信心，做什么都觉得无能为力，学习时总是走神。我变得容易激动，行动缓慢迟钝，思考能力下降。最近，我觉得自己的病情越来越严重了，我觉得自己活得没有意义，我很痛苦……

——小娜的自述

请思考：小娜怎么了？什么原因引起这样的问题？

一、健康情绪的评价标准

人在表现自己的情绪、情感的过程中,有一个应当怎样表现和不应当怎样表现自己的情绪、情感的要求、准则。这种要求和准则有赖于已确立的不成文的规则。符合这个要求和准则的就被认为是健康的,反之,就被认为是不健康的。情绪、情感是否健康的标志有以下几点:

(一) 诱因明确

情绪的发生与发展必须有明确的原因,这是健康情绪的重要标志。无缘无故的喜,无缘无故的怒,以及莫名其妙的悲伤与恐惧等都是不健康的情绪。

(二) 反应适度

情绪的发生不仅要原因明确,而且要反应适度。所谓反应适度,就是刺激强弱与反应强弱成正比,即刺激强就反应强,刺激弱就反应弱,这是健康的情绪。如若不然,弱刺激反应强,强刺激反应弱,这就是情绪不健康了。

(三) 稳定而灵活

情绪一旦发生,开始反应比较强烈,而后随着时间的推移,反应渐渐减弱,这是健康的情绪。如果情绪发生之后,顿时减弱,变化莫测,即为情绪不稳定;同时,如果情绪发生之后,减弱过缓,甚至情绪"固着",则是情绪变化不灵活。这两种情绪都是不健康的。

知识拓展

色彩对情绪的影响

色彩对人们的心理活动有着重要的影响,特别是和情绪有着非常密切的关系。现实生活中,人们都在自觉或不自觉地利用色彩来影响和控制情绪。

1. 红色　红色像火一样给人以刺激,热情、积极,象征喜悦、幸福、庄严、革命。
2. 黄色　像阳光和金属的光泽,黄色具有最高的亮度,给人以光明和希望的感觉,象征功名、富有、丰收、理解、聪明。
3. 蓝色　是天空和大海的颜色,使人感到悠远、宁静、深邃,象征智慧。
4. 橙色　使人想到火光,令人感到温暖和快乐,产生力量,振奋精神,也象征疑惑、嫉妒、伪诈。

> 5. 绿色　是自然界中草原和森林的颜色，象征着生命永久、理想、年轻、安全、和平与安静，给人以清凉之感。
> 6. 青色　表示沉静、冷淡、理智、未成熟，象征高深、博爱、法律尊严。
> 7. 紫色　给人以庄严、高贵、孤独、优美的感觉。

（四）情绪的自制性

健康的情绪是可以自我调节和控制的，所以人们可以转移情绪，掩饰情绪，可以把消极情绪转化为积极情绪，还可以把激情转化为冷静等。不健康的情绪则自我调节差，一旦激情爆发，犹如脱缰的野马，不可驾驭。

（五）情绪的效能

情绪是人们适应环境的重要心理机能，健康的情绪可以使人达到良好的适应水平。为此，情绪指向的应当是对人对事对自己都是有益的事物。比如说，激情爆发，毁物伤人，这不能说是健康情绪；而激情发生，见义勇为，则为健康情绪。而且，情绪要产生积极的效能，达到良好的适应，就不能只停留在内心体验上，而应当变成积极的、增力的行为，向有利于人民利益的方向发展，向有益于身心健康的方向发展。

二、情绪对心身健康的影响

（一）情绪"度"的意义

从心理卫生学的角度看，任何一种情绪的产生都有其生理、心理的价值，都是个体对内外刺激的一种反映，是一种个体自我保护的机制。问题在于，当这种情绪作用时间过长或作用强度过大时，便会给心身带来危害。

（二）情绪与疾病的关系

情绪会作用于神经系统并进而影响内脏器官。过度昂扬、紧张的情绪反应会引起副交感神经系统的强烈兴奋而破坏"兴奋—抑制"的动态平衡，从而致病甚至致死。而过分低沉压抑的情绪会引起交感神经系统的兴奋而产生对机体活力的全面抑制，致使积极性降低，精力不足，心跳频率减缓、强度减弱，呼吸缓慢，从而损害健康。

(三) 情绪与社会行为障碍

国内外研究显示,青少年行为障碍的高发生率与其下列情绪特征密切相关,即高级情感尚未确立,正处于情绪体验丰富强烈的急风暴雨期,兴奋大于抑制,冲动性强,感情与理智的矛盾突出等。如青少年常见的社会行为障碍有:不能集中注意力、自吹自擂、炫耀、人际关系不良等问题,严重时会发生学习障碍等问题。

课堂互动

怎样培养健康的情绪?

三、健康情绪的培养

培养健康情绪的基本要求包括以下 5 个方面。

1. 重视情绪的早期塑造　情绪发展取决于遗传和环境影响之间的相互作用。情绪由简单到复杂、由低级到高级的发展主要依赖于在社会环境中的学习。早期情绪状况将直接影响到以后的情绪和行为。在这方面,家庭具有重要的作用,影响最严重的是母爱的剥夺所导致的情绪适应问题。为此,重视良好的家庭环境对儿童情绪发展的影响是有重要意义的。

2. 重视各年龄阶段情绪发展的特殊性　在人的一生中,情绪始终处于动态发展变化之中,不同年龄阶段的情绪有其特殊性,因此,要充分考虑到各年龄段的情绪发展课题,发展健康的情绪,避免不良的情绪。

3. 重视重大生活事件对情绪的影响　某些突发性重大事件会对人的生理、心理带来严重危机,为此,应及时采取针对性的措施,缓冲情绪刺激,以最大限度地减少其不良影响。

4. 重视创造健康的社会心理氛围　健康的社会心理氛围是情绪健康的良好基础。某些不良的情绪刺激是社会生活环境导致的,这需要全社会的共同努力。另一方面,我们应创设有助于人们陶冶情操、训练情感、宣泄情绪的有效场所。心理咨询机构的建立是实现这一目标的有效方法之一。

5. 重视情绪的自我调节　情绪是可以通过学习而自我调节的,包括陶冶思想品德、调整认知结构、适度宣泄、放松训练等一系列方法。

第三单元 情绪与情感

单元测试

一、名词解释

1. 情绪与情感　　2. 心境　　3. 激情　　4. 应激

二、单项选择题

1. 与人的生理需要满足相联系的态度体验是（　　）。

　　A. 情绪　　　　　　B. 情感　　　　　　C. 心境

　　D. 激情　　　　　　E. 应激

2. 以下哪项不是情绪与情感的主要功能？（　　）

　　A. 适应功能　　　　B. 动机功能　　　　C. 组织功能

　　D. 协调功能　　　　E. 信号功能

3. 人类情绪的基本类别有（　　）。

　　A. 快乐　　　　　　B. 愤怒　　　　　　C. 悲哀

　　D. 恐惧　　　　　　E. 以上都是

4. 情绪反应的特点通常取决于（　　）。

　　A. 下丘脑　　　　　B. 边缘系统　　　　C. 网状结构

　　D. 大脑皮质　　　　E. 皮质下中枢

5. 关于健康情绪的评价标准，错误的是（　　）。

　　A. 诱因明确　　　　B. 反应适度　　　　C. 稳定而不变

　　D. 自制性　　　　　E. 效能作用

（邹玉玲）

第四单元

行为的调节与控制

行为的调节与控制

学习目标

1. 掌握：需要和动机两个概念；马斯洛的需要层次理论。
2. 熟悉：需要与动机之间的关系。
3. 了解：意志品质的特征及培养方法。
4. 学会应用培养良好的意志品质的方法。

本单元论述行为活动的调节与控制，包括行为的动力系统和行为的意志调节，以及意志的品质与培养。在这里你将了解到人的行为是怎样发生的以及马斯洛的需要层次理论；通过学习动机冲突理论，会使你对自己有更深的了解；你还将学到一些培养良好意志品质的方法，以更好地发挥自己的能动性。

第一节
行为的动力系统

案例导入

"杂交水稻之父"、中国工程院院士、"共和国勋章"获得者袁隆平，是我国研究与发展杂交水稻的开创者，也是世界上第一个成功利用水稻杂种优势的科学家。20世纪五六十年代我国普遍发生的饥馑给袁隆平留下了刻骨铭心的印象。那时在湖南一所偏僻山村农校——湘西雪峰山麓的安江农校任教的青年袁隆平便下定决心，拼尽毕生精力用农业科技战胜饥饿。为"禾下乘凉梦"和"杂交水稻覆盖全球梦"耕耘一生，引领我国杂交水稻研究居于世界领先水平，袁隆平是我国农业科技领域的一面旗帜。在泱泱稻田里，袁隆平一次又一次创造了人类粮食生产的历史高度。在奇迹与荣誉中，各种高产稻

> 谷相继问世,在稻谷飘香中,袁隆平自己也成为一个传奇。
> 请思考:袁老育种高产杂交水稻行为的心理因素。

这里我们简单地描述一下行为发生的过程:首先是机体内部状态与外部环境之间的平衡被打破,个体感到某种缺乏而产生需要;然后,需要进一步引起内驱力,即一种需要满足之前的心理紧张状态;在情绪的影响下需要和动机被放大,并在外部诱因的作用下引发个体的行为。可见,需要、动机、情绪三者构成行为的动力系统,制约和决定着人的行为变化的方向和强度。

一、需要

(一)需要的概念

需要是个体在现实生活中感到某种欠缺而力求获得满足的一种内心状态,它是机体自身或外部生活条件的要求在脑中的反映,是人行为的动力和源泉。人为了满足个体和社会的生存和发展,必须有一定的需求,如食物、衣服、睡眠、劳动、交往等。这些需求反映在个体头脑中,就形成了需要。

研究表明:有一些需要明显带有周期性的特征,如对饮食和睡眠等的需要;而有一些需要满足后,又会产生新的需要,新的需要又推动人们从事新的活动。在活动中需要不断地得到满足,又不断地产生新的需要,使活动不断地向前发展,例如,学习科学文化的需要,欣赏艺术的需要,通常是每一次需要的满足都会产生新的、更高的需要。

(二)需要的分类

人类的各种需要并不是孤立的,而是相互联系并且重叠交叉的。通常根据需要的起源,把人的需要分为生理性需要和社会性需要;根据需要指向的对象,把人的需要分为物质需要和精神需要。

1. 生理需要和社会需要

(1)生理需要:生理需要是个体为维持生命和延续后代而产生的需要,是人与动物共有的,具有先天性,如进食、饮水、睡眠、运动、排泄和繁殖等。生理需要具有重要的生物学意义,它是保护和维持有机体生存和延续种族所必需的。如果个体在相当长的时间里,正常的生理需要得不到满足,个体就无法生存,或不能延续后代。生理需要往往带有明显的周期性。

(2)社会需要:社会需要是人类在社会生活中形成,为维护社会的存在和发展而产生的需要,是人类所特有的,如对劳动、交往、友谊、求知、美和道德等的需要。社会需要是在生理需要的基础上,在社会实践和教育的影响下发展起来的。它是社会存在发展的必要条件,如劳动是人类赖以生存的第一个条件。如果不劳动,人类就无法生存,人类社会就无法存在和发展。

2. 物质需要和精神需要

(1) 物质需要:物质需要是指对与衣、食、住、行等有关物品的需要,如对劳动工具、文化用品、科研仪器等的需要。在物质需要中既包括生理性需要,又包括社会性需要。

(2) 精神需要:精神需要是指认知需要、审美需要、交往需要、道德需要和创造需要等。它是人类所特有的需要,在劳动过程中所形成的交往需要是人类最早形成的精神需要。所谓交往需要是指一个人愿意与他人接近、合作、互惠并发展情感交流的需要。研究表明:交往需要在人类历史的发展过程中起着十分重要的作用,也是个体心理正常发展的条件。

(三) 马斯洛的需要层次理论

美国心理学家马斯洛提出"需要层次论",把人的需要分为五个层次:生理需要、安全需要、归属和爱的需要、尊重需要和自我实现的需要(图4-1)。

生理需要是人们最基本的需要,每个人都有对食物、水、空气、睡眠、性的需要,在生理需要得到相对满足的基础上,就会追求更高层次的需要。

安全需要是保障身心免受伤害,注重生命质量的需要。

归属和爱的需要是人们社会交往的需要,希望被群体接纳,与人们建立一定的社会关系和情感的需要。

图 4-1 马斯洛的需要层次

尊重需要是人们希望被尊重和自尊的需要,希望在社会群体中具有一定的地位和被认同的需要。

自我实现的需要,是追求实现自我理想的需要,表现为个人特有潜能的极度发挥,做一些自己认为有意义和有价值的事。自我实现者多为中年人或年长的人,或者心理发展比较成熟的人。一个人2岁以内的爱的教育特别重要。如果童年失去了安全、爱与尊重,就很难成为自我实现的人。马斯洛认为,对于大多数人来说,自我实现需要的满足,仅仅是个人的奋斗目标。只有人类中的少数人,才能达到真正的自我实现境界,成为自我实现者。

马斯洛认为,个人需要的发展过程更多的像波浪式演进,各种不同的需要优势由一级演进到另一级。如,婴儿时期主要是生理需要,后来才产生安全需要、归属和爱的需要;青少年时才产生尊重需要等。

一般说来,假如一个人同时缺乏食物、安全、爱和尊重,通常对食物的需求是最强烈的,其他需要则显得不那么重要。这时人的意识几乎全被饥饿所占据,所有能量都被用来获取食物。在这种极端情况下,人生的全部意义就是获取食物,其他什么都不重要。只有当人从生理需要的控制下解放出来时,才可能出现更高级的、社会化程度更高的需要,如安全需要、归属和爱的需要。

需要是动机的基础和前提,动机是需要的反映和表现。

二、动机

(一) 动机的概念

动机是引起和维持个体活动,并使活动朝向某一目标的内部动力。动机是一种内部心理现象,只能从观察表面行为的变化来进行推测。动机作为行为过程中的一个中介变量,在行为产生前就已存在,并以隐蔽内在方式支配着行动的方向性和强度。人的各种各样的活动都是在一定动机的支配下进行的。动机的特征有二:一是动力性;二是内隐性。它往往处于心理结构的深层,是人最难认识的部分。引起动机有两个条件:需要和诱因。动机是在需要的基础上产生的,离开需要的动机是不存在的,并且只有需要的强度达到一定水平时,才能成为动机并引起活动。例如,有时人渴了或饿了,并不会立即去找水和食物,干渴或饥饿达到一定程度,才会迫使人去饮水或吃东西。引起动机的外部条件,在心理学上称为诱因。诱因是指能够激起有机体的定向行为,并能满足某种需要的刺激,它与需要相互作用而形成动机。例如,饥饿的感觉是驱动求食的内部原因,而食物就是驱动求食行为的诱因。诱因可能是物质的东西,如金钱、食物等;也可以是精神的东西,如名誉、职位、表扬、批评等。

(二) 动机的功能

动机对活动具有三种影响功能:(1)激发功能,动机能激发机体产生某种活动。(2)指向功能,动机使机体的活动有指向性,针对一定的目标或对象。(3)维持和调节功能,当活动产生以后,动机维持着活动并调节活动强度和持续时间;如果活动未达目的,动机驱使机体维持活动或转换活动方式。

(三) 动机的分类

正如需要的多样性一样,动机的种类也是多种多样的,可以从不同的角度进行分类。

但一般分为生理性动机和社会性动机两类:(1)生理性动机是指起源于生理性需要的动机,如饥、渴、性、睡眠的动机。人的生理性动机要受社会制度、伦理道德等的制约,具有社会性。(2)社会性动机来源于心理、社会因素,是人在后天生活中习得的,是人类高级心理活动的一种追求,如成就动机、交往动机和社会赞许动机等。

(四) 动机冲突

在同一个时间内,个体会有多种需要的存在,但因条件所限不可能同时满足,在决定行动方向时,往往存在着动机取舍的心理矛盾、行动上犹豫不决,此现象称为动机冲突。基本的冲突类型主要有四种。

1. 双趋冲突　它是指两种或两种以上目标同时吸引着人们,但限于条件不能同时达到,必须从中有所抉择时,产生的难以取舍的心理冲突。如"鱼与熊掌不可兼得"式的冲突。高中毕业生选择高考志愿,顾客选择不同的商品时出现的冲突也属于这种类型。

2. 双避冲突　它是指一个人同时遇到两种或两种以上具有威胁性都想要回避的目标,而他必须接受其中某一个目标才能回避另一个目标时所产生的心理冲突。实际上是一种"左右为难""进退维谷"式的冲突。例如,一个小孩有蛀牙,感到非常痛,但他又不肯就医,因为他害怕治疗带来的痛苦。此时,牙痛和治疗带来的痛苦都是想要回避的目标,但是又不能同时回避,这种内心冲突就属于双避冲突。

3. 趋避冲突　它是指一个人既想接近一个目标,同时又想回避这个目标时所产生的心理冲突。这种冲突是在同一物体对人们既有吸引力,又有排斥力的情况下产生的。例如,一些女生喜欢吃糖果,但又担心体重增加;学生想参加各种娱乐活动,又怕耽误时间影响学习;学生乐于选修一些新的、难度较大的课程,但又担心考试成绩不理想等。在这些情况下引起的冲突都是趋避冲突。

4. 多重趋避冲突　它是指两种或两种以上接近趋避型冲突所混合成的一种复杂模式。也就是说,人们面对两种或两种以上目标,每种目标都具有吸引和排斥两方面的作用,而人们不能简单地选择一种目标,回避另一种目标,必须进行多重的选择所引起的内心冲突。如,有的人想换一个新单位工作,可以有较高的经济收入和良好的住房条件,可是工作和生活环境不适应;但又考虑到留在原单位工作,有已经习惯的工作和生活环境以及较好的人际关系,可是收入、住房条件差些。由于对各种利弊、得失的考虑,产生了多重趋避冲突。

以上四种冲突是最基本的动机冲突模式,现实生活中人们的内心冲突是极其复杂的。了解这些基本模式,有助于了解更复杂的动机冲突,也有助于解决内心冲突。

第四单元　行为的调节与控制

第二节
行为的意志调节

案例导入

中国氢弹之父——于敏

于敏,中国科学院院士,核物理学家。身为中国核物理的开创者之一,于敏没有留学背景,依靠自身勤奋,从零开始,30余年从事氢弹研制。1999年和2015年荣获国家"两弹一星"功勋奖章和国家最高科学技术奖。

请思考:是什么让于敏坚定目标、几十年如一日地坚持研究?

一、意志的概念与特征

(一)意志的概念

意志是指人自觉地确定目的,并根据目的来支配、调节自己的行动,克服各种困难,从而实现目的的心理过程。意志是人特有的心理,是意识的能动性、积极性的集中表现。意志与行动密不可分,意志总是表现在人们的实际行动中。

由意志支配的行动称为意志行动。人的行动受到意志的支配,但人的行动不都是意志行动,只有意志参与的行动才是意志行动。例如,手碰到火就自然会缩回、咳嗽、眨眼等一些无意动作都不是意志行动。然而,在通常情况下算不上意志行动的跑步,在特殊情况下,比如,不管酷暑寒天,不管别人嘲笑误解,克服各种困难,数十年如一日地按时跑步,就是意志行动。意志行动是具备一定要求和特征的行动。

(二)意志行动的基本特征

1. **意志行动是有目的的行动**　意志行动的目的性特征是人与动物的本质区别。动物的行为是盲目的、无意识的,虽然它们的行动看起来好像是有目的的,如饿了去找食物,下雨了到大树下或山洞内避雨,但这都是在无意识中进行的,动物是没有自我意识的,它不能意识到自己行为的目的和后果。一切无意识的行动都不是意志行动。人在行动之前,活动的结果已经作为行动的目的存在于人脑之中了。在实现目的的过程中,方法的选择、方案的实施、具体的操作、步骤的安排等始终从属于目的,并以预先确定的目的来调整进行的活动和作为标尺来评价活动的结果。因此,没有目的,也就不会有意志行动。意志水平的高低和效应的大小,是以提出的目的水平的高低和社会价值的大小为转移的,目的越明确、越远大、越自觉,意志水平就越高,意志也就越坚定。

2. 随意运动是意志行动的基础　动作可以分为不随意动作和随意动作。不随意动作指事先没有确定目的的动作,如心脏搏动、瞳孔反射等。这种动作是以无条件反射实现的。随意动作是由意识指引的活动,它是通过条件反射形成的,是一种在生活实践中学会的动作。这种动作有简单的形式,如吃饭、穿衣、走路、跑步等,也有复杂的形式,如学习、劳动、社会交往等。随意动作是意志行动的基础。由于有随意动作,人才可以根据自己的目的去组织、支配、调节一系列的动作组成复杂的行动,以实现预定的目的。

3. 意志行动与克服困难相联系　人的意志强弱以所克服的困难的大小为衡量标准。自觉的目的性行动,如果不与克服困难相联系,就不属于意志行动。如饭后散步、闲时聊天、观鱼赏花等活动,并没有存在明显困难,故一般不认为它们是意志行动。只有那些与克服困难相联系而产生的意志行动,才是意志行动的重要特征。如,身体欠佳时坚持工作、为按时完成某项重要任务而奋斗拼搏等。

在意志行动中所遇到的困难主要包括内部困难和外部困难。内部困难是指源于自身的困难,主要有心理上和生理上的困难。心理上的困难如消极的情绪、信心不足、私心杂念的干扰、知识经验不足、个性上的胆怯等。生理上的困难如自己的体力不够、身体处于疾病状态、容貌缺陷等。外部困难是指由于客观条件而造成的某些不利因素。例如,环境条件恶劣、缺乏必要的工作条件、周围人的冷嘲热讽甚至人为设置的障碍以及天灾人祸等。一个人在实现自觉确立的目的过程中,都有可能遇到内部困难和外部困难,正是在克服各种困难的过程中才表现出一个人的意志力量。"疾风知劲草,烈火见真金",说的就是人的意志在困难中得到磨炼。

意志行动的这三个基本特征并不是互相割裂的,而是互相联系的。目的性是意志行动的前提,克服困难是意志行动的核心,随意运动是意志行动的基础。

二、意志的心理过程

意志行动的心理过程分为两个阶段:一是采取决定阶段,包括动机斗争和确定行动的目的。二是执行决定阶段,包括行动方法和策略的选择以及克服困难、实现所做出的决定。

(一) 采取决定阶段

这是意志行动的准备阶段。它主要表现在意志行动之前,在思想上权衡行动的动机,确定目的,选择行动方法并做出行动的决定。采取决定是意志行动的开始阶段,它决定意志行动的方向以及意志行动的动力。

1. 动机斗争　人的意志行动总是由一定动机引起的。动机是由一种目标或对象所引起、激发和维持的个体活动的内在心理过程或基本动力。动机是在需要的基础上产生的。由于需要是多种多样的,因此产生的动机也是复杂多样的,而且可能是彼此矛盾的。当动机发生矛盾时便产生动机的斗争。如,大学生毕业后,是选择到国家机关还是到私人企业工作,这时必然会从多方面分析考虑,权衡得失,就会产生动机斗争。动机的斗争可能是非原则性的,也可能是原则性的。如,周末晚上,是去看电影或听音乐,还是参加朋友的聚会,这样的动机斗争便是非原则性的。而凡是涉及个人愿望与社会道德准则相矛盾的动机斗争属于原则性动机斗争。如,当涉及国家、集体、个人三者利益的矛盾时,如何摆正自己的位置,解决这类原则性动机斗争,就要经过激烈的思想斗争,因此也最能体现出一个人的意志品质。动机的斗争往往是意志实现的内心障碍。如果动机斗争迟迟得不到解决,就会出现彷徨、徘徊和犹豫不决,只有解决这个矛盾,才能引向某种决定,以指导自己的行动。一个意志坚强的人善于有原则地权衡和分析不同的动机,及时地选择正确的动机,并确定与之相适应的目的,克服那些无效的、错误的动机。意志薄弱者则会长久地处于犹豫不决的矛盾状态,甚至确定目的以后,也不能坚持,还会受到其他动机的影响而改变。

2. 确定行动的目的　行动的目的在意志行动中起着极其重要的作用。但是,目的的确定并不是件容易的事情。通常,一个人在行动之前往往会有几个彼此不同甚至是相互抵触的目的,因此需要对其进行权衡比较,根据目的的意义、价值、客观条件和自身特点最终确定一个目的。一般来说,有一定的难度、需要花费一定的意志努力后可以达到的目的,往往是比较适宜的。一旦这一目的得以实现,可以带来心理上的满足感和成就感,并能弥补由在目的确定时发生的内心冲突所带来的损失,为实现下一个目的做好准备。如果有几种目的都很适宜和诱人,就可能会发生内心冲突或动机斗争,难以下决心做出抉择,这就需要合理安排,即先实现主要的、近期的目的,后实现次要的、远期的目的。或者相反,先实现次要目的,创造条件,再集中力量实现主要目的。

(二) 执行决定阶段

执行决定阶段是实际行动的阶段,是完成意志行动的中心环节。在这个阶段里,人的主观目的转化为客观结果,观念的东西转化为实际行动,实现对客观世界的改造。一般来说,执行决定阶段要经历行动方法和策略的选择以及克服困难实现所做出的决定等环节。

1. 行动方法和策略的选择　选择行动方法和策略是在目的确定之后由实现目的的愿望所推动的。它是一个人根据欲达目的的外部条件和内在规律,适当地设计自己行动的过程。行动方法的选择、策略的确定和计划的拟定,要满足两个方面的要求。第一个方面,为实现预定目的的行为设计是合理的;第二个方面,这种方式方法符合客观事物的规律和社会准则,是合法的。只有把这两个方面有机地结合起来,才能使预定目的顺利实现。

2. 克服困难,实现所做出的决定 克服困难,实现所做出的决定,是意志行动的关键环节。克服困难需要意志努力,意志努力在这一环节上常常会表现为:第一,在实现所做决定中必须承受的巨大体力和智力上的负荷;第二,必须克服原有知识经验及内心冲突对执行决定所产生的干扰;第三,在意志行动中一旦出现新情况、新问题与预定目的、计划、方法等发生矛盾时,必须努力做出果断决断;第四,在意志行动中遇到来自外部的预料不到的情况时能够咬牙坚持;第五,个性品质或情绪影响与执行决定相冲突时,能够控制和克制,从而顺利执行所做的决定;第六,在克服困难,实现所做出的决定的过程中,还要根据意志行动中反馈的新情况来修正原先的行动方案,放弃不符合实际情况的决定,以更好地达到目标。

第三节 意志的品质与培养

案例导入

桑兰,中国体操队队员,1998 年 7 月 22 日,参加第四届美国友好运动会时不慎受伤,造成颈椎骨折,胸部以下高位截瘫。当时桑兰正在进行跳马热身,遭受如此重大的变故后却表现出超常的坚毅,她的主治医生说:"桑兰表现得非常勇敢,她说:'我对自己有信心,我永远不会放弃希望。'"

请你谈一谈桑兰的故事涉及哪些意志品质。

意志行动在不同人的身上表现不同。如有人能独立地采取决定,而有人则易受暗示,有人处事果断,有人则优柔寡断等。构成一个人意志行为特点的稳定因素的总和,就是意志品质。因此,只有培养良好的意志品质,才会使人成为具有坚强意志的人。

一、意志品质

意志品质主要包括自觉性、果断性、坚忍性和自制力,它们在人的意志行动中贯彻始终,并构成人的意志的性格特征。

（一）自觉性

自觉性指一个人在行动中具有明确的目的，不屈从于周围的压力，按照自己的信念、知识和行为方式进行行动的品质。它反映了一个人的坚定立场和信仰，是高度发展的意志的特征。具有独立性的人，在行动中既不轻易接受外界影响，又不拒绝一切有益的意见。

与自觉性相反的特征是受暗示性和独断性。受暗示性表现为没有主见，容易受别人的影响，不加分析地接受别人的思想和行为，轻易改变或放弃自己的决定。这类人没有明确的行动方向，也缺乏坚定的信心和决心。独断性表现为一个人表面上似乎是独立地采取决定、执行决定，但实际上他不考虑自己决定的合理性，固执己见，拒绝考虑别人的任何批评、劝告和有益的建议，所以不能从他人处获得大量而有用的信息，使自己的决策缺乏足够的依据，因而也是不切合实际的。正因为这样，受暗示性和独断性的品质都是缺乏自觉性的表现。

（二）果断性

果断性是指一种善于明辨是非、迅速而合理地采取决定，并实现所做决定的意志品质。果断性品质必须以正确的认识为前提，以大胆无畏和深思熟虑为条件。

与果断性品质相反的是优柔寡断和草率决定。优柔寡断的人主要表现为，在应该做出决策时常常瞻前顾后、犹豫不决，动机冲突没完没了；在执行决定时，常出现动摇，怀疑自己的决定等。草率决定是指对任何事情总是不加思考，做事武断，也不考虑行动后果，做出的决定往往是不符合实际的，甚至是错误的，表面上看起来好像很果断，实际上是缺乏果断性的表现。优柔寡断和草率决定都是意志薄弱的表现。

（三）坚忍性

坚忍性是指对行动目的的坚持性，并能在行动中保持充沛的精力和毅力的意志品质。具有坚忍性意志品质的人，善于克服和抵制不符合行动目的的主客观诱因的干扰，做到目标专一，锲而不舍，百折不挠，勇于克服各种困难。坚忍性是人的重要的意志品质，它的强弱将决定一个人对自己做出的决定能否贯彻执行到底。疾病、失败、丧失亲人等人生打击，也许会摧毁意志薄弱者的精神乃至肉体，然而人的坚忍性格恰恰是有效的抗体，能帮助人们抵御外敌和内扰，赢得胜利。史学家谈迁，家境贫寒，毕生含辛茹苦，勤奋写作。他用了20余年时间六易书稿写成了皇皇巨著《国榷》，谁知一天夜里书稿竟被人偷窃了，但他虽悲愤却没有颓丧，认定目标不回头，立即动手重写，后书稿重新写成，为后人留下了宝贵的史料。

与坚忍性品质相反的是动摇和执拗。动摇是指在执行决定过程中，遇到困难就动摇自己的决心,甚至放弃自己的目标。常立志,无长志,做事朝秦暮楚、见异思迁,尽管有行动目的,但虎头蛇尾,遇到困难即放弃对预定目的的追求。执拗是指个人只承认自己的意见或论据,当实践证明其行动是错误时或所设定的目标无法达到时仍固执己见、执迷不悟、一意孤行。动摇和执拗虽然表现形式不同,其实质都是不能正确对待行动中的困难,都属于消极的意志品质。

(四) 自制力

自制力是指善于掌握和约束自己行动的能力。它表现在意志行动的全过程。在采取决定时,自制力表现为能够周密思考,作出合理的决策,不为环境中各种诱因所左右;在执行决定时,则表现为克服各种内外的干扰,把决定贯彻执行到底。自制力还表现在对自己的情绪状态的调节。例如,在必要时能抑制激情、暴怒、愤慨、失望等。

与自制力相反的意志品质是任性和怯懦。任性表现为不能控制和约束影响自己的目标实现的心理过程。一个任性的人,是缺乏自制力的人,由于不能有效地控制自己的情绪等心理过程,所以经常受情绪等支配,从而影响意志行为,使得意志行为达不到目的。怯懦则是在行动时畏缩不前。它们都是意志薄弱的表现。

自觉性、果断性、坚忍性和自制力四种意志品质之间是相互联系的,缺少其中任何一种品质,都会给意志行动带来影响。

二、意志品质的培养

培养优良的意志品质,一般应该从以下四个方面着手进行。

(一) 加强目的性教育,注意培养道德情感

培养一个人的优良的意志品质,首先就是要树立正确而高尚的行动目的。只有具有高尚的目的、远大的理想,才会在行动中克服内部和外部的各种艰难险阻。另外,要把远近目的有机地结合起来,既要看到近期目的是实现远大目的的一个具体步骤,也要看到具体行动的深远的社会意义。

其次,要注意培养人的道德情感。崇高的道德情感在实现目的的意志行动中起促进作用,即情感在意志的支配下,可成为行动的动力促使人去克服困难和坚持实现目的。

(二) 组织实践活动,以取得意志锻炼的直接经验

实现意志行动的决定是意志行动的关键,也是锻炼一个人意志品质的重要环节。意志是在克服困难中表现的,并在克服困难的过程中提高。一个人在实现所做决定的过程中,

总会遇到来自内部和外部的困难,这是对意志品质的考验。因此,为了培养一个人的优良的意志品质,就要组织好各项实践活动,使个体能在活动中实现意志行动,在克服困难中获得直接的经验。

(三) 加强意志的自我锻炼

要在实践活动中不断地加强意志的自我锻炼,才能形成优良的意志品质。首先,要善于自我评价。对自身意志行动的分析评价,能够使自己既看到意志品质上的优点,以增强自信心;又能注意到自己身上的不足和弱点,以增强自我锻炼的决心。其次,要善于自我要求。在分析和了解自己的基础上,根据社会要求个人应具备的优良品质,对自己提出意志行动的具体化的要求。例如,自我控制、信念坚定、勤奋努力、忠诚老实、心胸开阔、谦虚谨慎等。再次,要善于约束自己。优良的意志品质的培养离不开自我约束和自我克制,一个人除了要善于期望并实现目的,也要善于约束和克制影响目的的诱因和习惯。例如,严格遵守作息制度,如期完成工作和学习任务,养成良好的生活习惯等。最后,要善于自我督促、自我激励。一般来说,行动中的困难和内心冲突很容易引起人的思想波动和行动上的摇摆,要调动内在的潜能来战胜外部困难。例如,用格言、名人名言、榜样人物的言行等来对照督促自己和激励自己,使自己逐渐形成优良的意志品质。

(四) 发挥纪律对培养意志品质的作用

有组织、有纪律的生活,是培养一个人的行动自觉性和自制力的有效方法。一个人如果能经常地以团体的要求和社会的行为准则来要求自己,就会逐渐形成行动的自觉性。

课堂互动

举例说明意志品质的培养途径。

单元测试

一、名词解释

1. 需要　　2. 动机　　3. 意志

二、单项选择题

1. 马斯洛认为人的需要可以分为几个层次?(　　)

　A. 五　　　　　　　B. 四　　　　　　　C. 三

　D. 六　　　　　　　E. 七

2. 人与动物的本质区别是意志行动的什么特征?(　　)

A. 随机性 B. 计划性 C. 主动性

D. 生理性 E. 目的性

3. 意志行动的心理过程分为两阶段,分别是(　　)。

A. 决定阶段,采取阶段 B. 执行决定阶段,采取决定阶段

C. 采取决定阶段,执行决定阶段 D. 采取阶段,执行阶段

E. 计划阶段,执行计划阶段

4. 意志品质不包括(　　)。

A. 自觉性 B. 智慧性 C. 坚忍性

D. 自制力 E. 果断性

5. 善于掌控和约束自己行动的能力叫作(　　)。

A. 自觉性 B. 智慧性 C. 坚忍性

D. 自制力 E. 果断性

(孙　妩)

第五单元

人格

人格

学习目标

1. 掌握：人格、气质、性格的基本概念。
2. 熟悉：影响人格的因素、气质类型及意义、性格的形成。
3. 了解：人格的特点、气质的生理基础、性格的特征。
4. 学会应用气质测验问卷，了解自己，培养良好的性格，进一步发展和完善自己。

第一节 概述

案例导入

党的二十大报告中指出：青年强，则国家强。当代中国青年生逢其时，施展才干的舞台无比广阔，实现梦想的前景无比光明。

教育是国之大计、党之大计。培养什么人、怎样培养人、为谁培养人是教育的根本问题。

请思考：国家发展需要什么样的人才？作为中职生，如何从人格、气质、性格等方面来发展自己，成为社会主义建设者和接班人？

一、人格的概念与特点

（一）人格的概念

人格一词是从拉丁文演变来的，其拉丁文的原意是指戏剧中演员戴的面具。面具随人物的不同而变换，体现了角色的特点和人物性格，就如同我国戏剧中的脸谱一样。心理学沿用面具的含义,转译为人格。其中包含了两个意思:一是指一个人在人生舞台上所表现出来的种种言行,即遵从社会文化习俗的要求而做出的反应;二是指一个人由于某种原因不愿展现的人格部分,即面具后的真实自我,这是人格的内在特征。"人格"是我们日常生活中经常使用的词汇。如"他具有健全的人格""他的人格高尚""他出卖了自己的人格"……这些描述包含了人格的多重含义,有道德意义上的人格、文学意义上的人格、法律意义上的人格,也有社会学意义上的人格。那么在心理学中人格的准确含义是什么呢?心理学家将人格的概念界定为:人格是指一个人的整体的精神面貌,是具有一定倾向性的和相对稳定的心理特征的总和,它包含了一个人区别于他人的稳定而统一的心理品质。

(二) 人格的特点

1. **人格的整体性** 人格是人的整个精神面貌的表现,是一个人的各种人格倾向性和人格特征的有机结合。

人格的整体性有两方面的含义。首先,人格的内在统一性。人们需要正确地认识和评价自己,及时地调整自己的心理冲突,这样才能使他的动机和行为之间经常保持和谐一致。一个人失去了人格的内在统一性,他的行为就会经常由几种相互抵触的动机支配,这个人的人格就是不正常的,是一种人格分裂现象,俗称"二重人格"或"多重人格"。其次,只有从整体出发,在和其他人格特征的联系中,才能认识个别,使其具有确定的意义。如沉默寡言使人显得孤僻这一特征,在不同人身上,可能有不同意义。甲可能由于怕羞,不愿出头露面,这是怯懦的表现;乙可能是不想暴露自己的真实面貌,这是虚伪的表现;丙可能是想靠别人的努力,获取自己的满足,这是懒惰的表现。

2. **人格的独特性** 一个人的人格是在遗传、成熟、环境、教育等先天和后天因素的交互作用下形成的。不同的遗传因素、不同的生存及教育环境,形成了各自独特的心理特点。人与人没有完全一样的人格特点,如"固执"在不同的环境下有不同的含义,在不同人身上也有不同的含义:在娇生惯养、过度溺爱的环境中,"固执"带着"撒娇"的意思;而在冷漠疏离、艰难困苦的环境中,"固执"又带有"反抗"的意思。所谓"人心不同,各如其面",正说明了人格是千差万别、千姿百态的。这就是人格的独特性。

3. **人格的稳定性和可变性** 人格具有稳定性的特点。一个人在出生后,通过教育和参加社会实践,逐渐形成一定的动机、理想、信念、人生观。在一定倾向性的指引下,个体的心理面貌在不同的生活情境中可以显示出相同的品质,构成稳定的人格。但是,人格的稳定性并不意味着它是不可改变的,人格也具有可塑性。它随着现实环境的多样性和多变性而或多或少地发生变化。

4. **人格的生物性和社会性** 人既是生物实体,又是社会实体,人是在先天的生物实体基础上,通过社会活动和社会交往,而逐渐社会化的。在人格形成中,既不能排除社会因素,也不能排除生物因素,二者相互作用。

二、影响人格的因素

(一) 生物遗传因素

遗传对人格的作用,是一个有重要理论意义和实践意义的复杂问题,目前还没得出明确的结论。根据现有的研究,多数专家对遗传的作用有以下看法。

1. 遗传是人格不可缺少的影响因素。

2. 遗传因素对人格的作用程度随人格特质的不同而异。通常在智力、气质这些与生物因素相关较大的特质上,遗传因素的作用较重要;而在价值观、信念、性格等与社会因素关系较密切的特质上,后天环境的作用可能更重要。

3. 人格的发展是遗传与环境两种因素交互作用的结果。人既是生物体,又是社会体。人在胚胎状态时,环境因素的影响就已经开始了,这种影响会在人的一生中持续下去。后天环境的因素是多种多样的,小到家庭因素,大到社会文化因素。这些因素对人格的形成和发展都有重要的影响。

(二) 社会文化因素

每个人都处在特定的社会文化环境中,文化对人格的影响是很重要的。社会文化塑造了社会成员的人格特征,使其成员的人格结构朝着相似性的方向发展,这种相似性具有维系社会稳定的功能,又使得每个人能稳固地"嵌入"在整个文化形态里。社会文化对人格的影响力因文化而异,这要看社会对顺应的要求是否严格,越严格,其影响力越大。影响力的强弱也要看行为的社会意义,对于社会意义不大的行为,社会允许较大的差异;而社会意义十分重要的行为,就不允许有太大的变异。如果一个人极端偏离其社会文化所要求的人格特质,不能融入社会文化环境中,就可能被视为行为偏差或患有心理疾病。

(三) 家庭环境因素

家庭是人格养成的启蒙地。家庭的经济、社会地位情况,父母的受教育水平、教育观念和方式,家庭成员间的关系,家庭的气氛都从各个方面影响个体人格的形成。例如,不同的教养方式对孩子的人格特征具有不同的影响。家庭的教养方式可分成三类:第一类是权威型教养方式,采用这种方式的父母在子女教育中,表现得过于支配,孩子的一切都由父母来控制。在这种环境下长大的孩子容易形成消极、被动、依赖、服从、懦弱、做事缺乏主动性,甚至不诚实的人格特征。第二类是放纵型教养方式,采用这种方式的父母,对孩子百依百顺、娇生惯养,让孩子随心所欲,父母对孩子的教育有时达到失控的状态。在这种家庭环境中成长的孩子多表现为任性、幼稚、自私、野蛮、无礼、独立性差、唯我独尊、蛮横无理、胡闹等。第三类是民主型教养方式,父母与孩子在家庭中处于一种平等和谐的氛围中,父母尊重孩子,给孩子一定的自主权和积极正确的指导。父母的这种教养方式使孩子能形成一些积极的人格品质,如活泼、快乐、直爽、自立、彬彬有礼、善于交往、富于合作、思想活跃等。另外,家庭成员的态度与行为方式,如父母的关系、邻里的关系、对老人的态度、待人接物等,都是声情并茂的生动教育。由此可见,家庭确实是"人类性格的加工厂",它塑造了不同的人格特质。

(四) 早期童年经验

研究表明,人格发展的确受到童年经验的影响,幸福的童年有利于儿童发展健康的人格,不幸的童年也会使儿童形成不良的人格。但二者不存在一一对应关系。早期经验不能单独对人格起决定作用,它与其他因素共同决定着人格形成与发展。

(五) 自然物理因素

生态环境、气候条件、空间拥挤程度等物理因素都会影响到人格的形成和发展。巴理关于阿拉斯加州的因纽特人和非洲的特姆尼人的比较研究,说明了生态环境对人格的影响。

因纽特人以渔猎为生,过着流浪生活,以帐篷遮风避雨。这个民族是以家庭为单元,男女平等,社会结构比较松散,除了家庭约束外,很少有持久、集中的政治与宗教权威。在这种生存环境下,教育比较宽松、自由,鼓励孩子自立,使孩子逐渐形成了坚定、独立、勇敢的人格特征。而特姆尼人生活在灌木丛生地带,以农业为主,居住环境固定,形成300~500人的村落,建立了比较完整的部落规则。在哺乳期间,父母对孩子很疼爱,断奶后孩子就要接受严格的管教。这种生活环境使孩子形成了依赖、服从、保守的人格特点。

另外,气温也会提高人的某些人格特征的出现频率。如热天气会使人烦躁不安,对他人采取负面的反应。有关数据表明,世界上较炎热的地方,也是攻击行为发生较多的地方。

第二节 气质

案例导入

《西游记》人物的心理特征

我国四大名著之一《西游记》,讲述了唐僧师徒四人历经艰险到西天取经的故事,被称为中国古代玄幻小说。作者吴承恩通过丰富大胆却不失逻辑的艺术想象，塑造了唐僧师徒四人的鲜活形象：孙悟空疾恶如仇、勇敢正义、鲁莽冒失、动作迅速有力；猪八戒活泼好动、爱交友、情绪稳定、思想灵活、缺乏耐心和毅力；沙和尚任劳任怨、隐忍克制、沉着稳重、主动性差、缺乏生机；唐三藏多愁善感、观察细微、优柔寡断、自制力强。

唐僧师徒四人的气质类型

请思考：唐僧师徒四人分别是哪种气质类型？每个人都有自己的气质特征。在团队合作完成任务时，你时常展示的角色特点有哪些？如何扬长避短，更好的发展和完善自己呢？

一、概述

(一) 气质的概念

气质是表现在心理活动的强度、速度、灵活性与指向性等方面的一种稳定的心理特征，即我们平时所说的脾气、秉性。它与人的生物学因素有关。

气质是个人心理活动的动力特征，包括心理过程的强度(如情绪体验的强度、意志努力的程度)，心理过程的速度和稳定性(如知觉的速度、思维的灵活程度、注意力集中时间的长短)以及心理活动的指向性(有的人倾向于外部事物，有的人倾向于内心世界)等方面。气质不仅表现在情绪活动中，而且表现在包括智力活动等各种心理活动中，它使人的全部心理活动都染上了个人独特的色彩。气质具有明显的天赋性，较多地受个体生物因素制约，不会因活动的情境发生变化而变化。这就是所谓的"禀性难移"。

(二) 气质的类型

古希腊著名医生希波克拉底提出，人体内有四种体液：血液、黏液、黄胆汁、黑胆汁，分别来自心、脑、肝和胃。其中哪种体液占优势，就表现出哪种气质类型。以血液为主的是多血质；以黏液为主的是黏液质；以黄胆汁为主的是胆汁质；以黑胆汁为主的是抑郁质。现在看来，希波克拉底用体液的比例多少来解释气质的类型，是缺乏科学依据的，但人们确实能在日常生活中观察到这四种气质类型的典型代表。所以，这四种气质类型的名称，一直沿用至今。

1. **胆汁质** 胆汁质是一种容易兴奋、不受约束的类型，也称为不可遏制型。胆汁质的人感受性低而耐受性高，不随意反应性强，外向性明显，情绪兴奋高，抑制能力差，反应速度快而不灵活。行为方式的典型表现为脾气暴躁，不能控制，性情耿直，精力旺盛，情绪易冲动，心境变换剧烈，脾气急躁。喜欢担任单纯的领导，但不想自己去具体执行。对胆汁质的人，应着重发扬他的开朗、豪放、勇敢、进取等优良的品质；防止形成任性、粗暴、高傲等不良品质。

2. 多血质　多血质的人是开朗的。多血质的人感受性低而耐受性高,不随意反应性强,具有外向性和可塑性,情绪兴奋性高而且外部表现明显,反应速度快而灵活。行为方式表现为活泼、好动、敏捷、反应迅速、喜欢与人交往、注意力易转移、兴趣易变化、缺乏持久力。对多血质的人,应着重发扬他的热情活泼、机智灵活的优良品质;防止形成自由散漫、见异思迁、做事浮躁的不良品质。

3. 黏液质　黏液质的人感受性低而耐受性高,不随意的反应性和情绪兴奋性均低,明显内向,外部表现少,反应速度慢而且有稳定性。行为方式表现为安静、稳重、反应缓慢,沉默寡言,情绪不易外露,注意力稳定难转移,善于忍耐。对黏液质的人,应着重发扬他的坚定、踏实、诚恳等优良品质;防止形成谨小慎微、因循守旧等不良品质。

知识拓展

四种典型气质类型

你知道什么是气质吗？你知道四种典型的气质类型吗？请你看看下面四幅图(图 5-1),相信你一定会对胆汁质、黏液质、抑郁质、多血质四种典型的气质类型有更深刻的理解。

胆汁质

多血质

黏液质

第五单元 人格

图 5-1 四种典型的气质类型（[丹麦]皮特斯特鲁普）

4. 抑郁质　抑郁质的人感受性高而耐受性低，不随意的反应性低，严重内向，情绪兴奋性高并且体验深，反应速度慢，具有刻板性和不灵活性。其行为方式表现为情绪体验深刻，行动迟缓，多愁善感，能觉察他人不易觉察的事物，富于幻想，胆小孤僻。他们对与己有关的事物都赋予很大的重要性，并且把注意力放在事物的困难方面。他们深思熟虑，不轻易许诺。对抑郁质的人，应着重发扬他们的心细、机警、稳重等优良品质；防止形成孤僻、自卑、抑郁等不良品质。

知识拓展

气质测验问卷

（一）气质测验60题

下面60道题，可以帮助你大致确定自己的气质类型，在回答这些问题时，你认为：

很符合自己情况的记2分　　　　比较符合的记1分

介于符合与不符合之间的记0分　　比较不符合的记-1分

完全不符合的记-2分

1. 做事力求稳妥，一般不做无把握的事。
2. 遇到可气的事就怒不可遏，想把心里话说出来才痛快。
3. 宁可一个人干事，不愿拉很多人在一起。
4. 到一个新环境很快就能适应。
5. 厌恶那些强烈的刺激，如尖叫、噪声、危险镜头等。
6. 和人争吵时，总是先发制人，喜欢挑别人。
7. 喜欢安静的环境。
8. 善于与人交往。
9. 羡慕那种善于克制自己感情的人。
10. 生活有规律，很少违反作息制度。

11. 在多数情况下情绪是乐观的。

12. 碰到陌生人觉得很拘束。

13. 遇到令人气愤的事,能很好地自我克制。

14. 做事总是有旺盛的精力。

15. 遇到问题总是举棋不定、优柔寡断。

16. 在人群中从不觉得过分拘束。

17. 情绪高昂时,觉得干什么都有趣;情绪低落时,又觉得什么都没有意思。

18. 当注意力集中于一事物时,别的事都难使我分心。

19. 理解问题总比别人快。

20. 碰到危险情景,常有一种极度恐怖感。

21. 对学习、工作怀有很高的热情。

22. 能够长时间做枯燥、单调的工作。

23. 符合兴趣的事,干起来劲头十足,否则就不想干。

24. 一点小事就能引起情绪波动。

25. 讨厌做那种需要耐心、细致的工作。

26. 与人交往不卑不亢。

27. 喜欢参加热烈的活动。

28. 爱看感情细腻、描写人物内心活动的文学作品。

29. 工作学习时间长了,常感到厌倦。

30. 不喜欢长时间谈论一个问题,愿意实际动手干。

31. 宁愿侃侃而谈,不愿窃窃私语。

32. 别人总是说我闷闷不乐。

33. 理解问题总比别人慢些。

34. 疲倦时只要短暂的休息就能精神抖擞,重新投入工作。

35. 心里有话宁愿自己想,不愿说出来。

36. 认准一个目标就希望尽快实现,不达目的,誓不罢休。

37. 学习、工作同样一段时间后,常比别人更疲倦。

38. 做事有些莽撞,常常不考虑后果。

39. 老师或他人讲授新知识、技术时,总希望他讲得慢些,多重复几遍。

40. 能够很快忘记那些不愉快的事。

41. 做作业或完成一件工作总比别人花的时间多。

42. 喜欢运动量大的剧烈体育运动,或者参加各种文艺活动。

43. 不能很快地把注意力从一件事转到另一件事上去。

44. 接受一个任务后,就希望把它迅速解决。

45. 认为墨守成规比冒风险强些。

46. 能够同时注意几件事物。

47. 当我烦闷的时候,别人很难使我高兴起来。

48. 爱看情节起伏跌宕、激动人心的小说。

49. 对工作抱认真严谨、始终一贯的态度。

50. 和周围人的关系总是相处不好。

51. 喜欢复习学过的知识,重复做能熟练做的工作。

52. 希望做变化大、花样多的工作。

53. 小时候会背的诗歌,似乎比别人记得清楚。

54. 别人说我"出语伤人",可我并不觉得这样。

55. 在体育活动中,常因反应慢而落后。

56. 反应敏捷、头脑机智。

57. 喜欢有条理而不甚麻烦的工作。

58. 兴奋的事常使我失眠。

59. 老师讲新概念,常常听不懂,但弄懂了以后很难忘记。

60. 假如工作枯燥无味,马上就会情绪低落。

(二) 气质测验答卷

	题号	2	6	9	14	17	21	27	31	36	38	42	48	50	54	58	总分
胆汁质	得分																
多血质	题号	4	8	11	16	19	23	25	29	34	40	44	46	52	56	60	总分
	得分																
黏液质	题号	1	7	10	13	18	22	26	30	33	39	43	45	49	55	57	总分
	得分																
抑郁质	题号	3	5	12	15	20	24	28	32	35	37	41	47	51	53	59	总分
	得分																

(三) 评分方法

(1) 如果某一项或两项得分超过20分,则为典型的该气质。例如胆汁质项得分超过20,则为典型胆汁质;黏液质和抑郁质项得分都超过20,则为典型黏液—抑郁质混合型。

(2) 如果某一项或两项以上得分在20分以下、10分以上,其他各项得分较低,则为该项一般气质。例如,一般多血质或一般胆汁—多血质混合型。

(3) 若各项得分都在10分以下,但某项或几项得分较其余项为高(相差5分以上),则为略倾向于该气质(或几项混合型)。例如,略偏黏液质型或多血质—胆汁质混合型。

其余类推。

一般来说,正分值越高,表明被试越具有该气质的典型特征;相反,分值越低或越负,表明被试越不具备该项特征。

二、气质的生理基础

(一) 神经过程的基本特性

苏联生理学家巴甫洛夫发现高级神经活动的基本过程就是兴奋过程和抑制过程。这两个神经过程有如下三个基本特性。

1. 神经过程的强度　神经过程的强度是指大脑皮质细胞受刺激或持久工作的能力。在一定限度内,大脑皮质中发生的兴奋是与刺激物强度相适应的。强刺激引起强兴奋,弱刺激引起弱兴奋。神经过程的强度被认为是神经类型的最重要的标志。

2. 神经过程的平衡性　神经过程的平衡性是指兴奋过程和抑制过程之间的强度是否相当。有的有机体这两种神经过程之间的强度是平衡的,有的是不平衡的。在不平衡中又有哪一种神经过程占优势的问题。

3. 神经过程的灵活性　神经过程的灵活性是指对刺激的反应速度以及兴奋过程与抑制过程相互转换的速度。人与人之间在兴奋和抑制的灵活性上也存在差异,有人灵活,有人不灵活。

(二) 高级神经活动类型与气质

神经过程的三个基本特性的独特组合就形成了高级神经活动类型。巴甫洛夫将神经活动类型与个体适应环境的能力密切联系起来,把它分为:

1. 强而不平衡的类型(兴奋型)　这种类型的个体兴奋过程强于抑制过程,阳性条件反射比阴性条件反射容易形成,是一种容易兴奋、不受约束的类型,所以也称为不可遏制型。

2. 强而平衡、灵活的类型(活泼型)　这种类型的个体兴奋过程和抑制过程都较强,并且两者容易转化,以反应灵敏、活泼、能很快适应变化着的外界环境为特征。巴甫洛夫认为

第五单元 人格

这是一种最完善的类型。

3. 强而平衡、不灵活的类型（安静型） 这种类型的个体兴奋过程和抑制过程都较强，但两者不易转化。较易形成条件反射，但不易改造，以坚忍而行动迟缓为特征。

4. 弱型（抑制型） 这种类型的个体兴奋过程和抑制过程都很弱，阳性条件反射和阴性条件反射的形成都很慢，以在困难工作面前正常的高级神经活动容易受破坏而患神经症为特征。神经过程的基本特性与高级神经活动类型的关系见表5-1。

表5-1 神经过程的基本特性与高级神经活动类型

神经过程的基本特性			高级神经活动类型
强度	平衡性	灵活性	
强	不平衡		兴奋型
强	平衡	灵活	活泼型
强	平衡	不灵活	安静型
弱			抑制型

巴甫洛夫认为，兴奋型相当于胆汁质，活泼型相当于多血质，安静型相当于黏液质，抑制型相当于抑郁质。高级神经活动类型、气质类型及其行为特征见表5-2。

气质和高级神经活动类型的区别在于：气质是心理现象，高级神经活动类型是生理现象，高级神经活动是气质的生理基础。

表5-2 高级神经活动类型、气质类型及其行为特征

高级神经活动类型	气质类型	行为特征
兴奋型	胆汁质	急躁、直率、热情、情绪兴奋性高、容易冲动、心境变化剧烈、具有外向性
活泼型	多血质	活泼好动、反应迅速、喜欢与人交往、注意力容易转移、兴趣容易变换、具有外向性
安静型	黏液质	稳重、安静、反应缓慢、沉默寡言、情绪不外露、注意稳定但不易转移、善于忍耐、具有内向性
抑制型	抑郁质	行动迟缓而不强烈、孤僻、情绪体验深刻、感受性很高、善于觉察别人不易觉察的细节、具有内向性

三、气质的意义

气质是重要的个性心理特征，它不仅与人的其他心理现象有密切关系，还在个体活动

中发挥着十分重要的作用。了解气质,对医学生来说既有理论意义,又对其社会实践活动具有重要的现实意义。

(一) 气质类型不决定人的智力水平和社会价值

在世界各国的杰出人物中,各种气质类型的代表人物都有,如《三国演义》的张飞、《水浒传》的李逵是胆汁质,《三国演义》的曹操、《红楼梦》的王熙凤是多血质,《三国演义》的诸葛亮、《水浒传》的林冲是黏液质,《红楼梦》的林黛玉则是抑郁质。任何一种气质类型的人都可能成为科学家,也可能成为不学无术的人;可能成为一代伟人或者千古罪人。

每个人都有自己的气质特征,每种气质类型都有其优点和不足之处,了解自己的气质类型,在生活、学习或工作中扬长避短,能够更好地发展和完善自己的人格。

(二) 气质与临床护理工作

在护理工作中,分析观察病人的不同气质类型对做好护理工作十分重要。如对于同样的疾病痛苦,胆汁质者可能无所谓,多血质者可能面部表情非常丰富,黏液质者可能忍耐无声,而抑郁质者则可能叫苦不迭、焦虑不安。通常,多血质的人因其比较乐观、健谈,对自身疾病的认识积极客观,故而医患关系较易沟通,语言劝导往往能够奏效。黏液质的人因情感不外露,且比较固执己见,对其要进行耐心细致的劝导,防止简单粗暴的说教。对胆汁质的人要特别注意晓之以理、动之以情,稳定其情绪,防止冲动行为的发生。而对抑郁质的人关键是用积极的生活态度启发他们,从各方面对其多加关心,语言要谨慎,杜绝医源性的不良暗示。

(三) 气质与职业选择

气质对职业选择的影响在一般职业中表现得并不明显,而在一些特殊职业人员中,职业对其气质特点的要求则较为严格。比如,杨利伟是中国进入太空的第一人,在升空之前,他所有生命体征最平稳,情绪稳定性是他成为宇航员的重要条件。

(四) 气质与健康

气质虽无好坏之分,但每种气质都有有利或不利于身体健康的一面。如孤僻、抑郁、情绪不稳定、易冲动等特征都不利于身心健康,而且是某些疾病的易感因素。例如,对神经系统弱的抑郁质的人来说,承受外界刺激的能力较低,容易在不良因素的刺激下导致抑郁症、癔症或心身疾病。而对于神经系统强而不均衡的胆汁质的人来说,经常处于兴奋、紧张和压力之下,容易患躁狂性精神病、心血管病或心身疾病。

第五单元 人格

第三节
性格

案例导入

性格决定命运

《三国演义》中,周瑜文武双全、风流倜傥,但智谋总是比诸葛亮"棋差一着"。他非常嫉妒诸葛亮,为了吴国的未来周瑜处处为难诸葛亮,并一直想除掉诸葛亮。而在诸葛亮"三气周瑜"的挫败下,他仰天长叹:"既生瑜,何生亮?"连叫数声,吐血而亡。故事淋漓尽致地描绘了周瑜心胸狭小、忌才妒能的性格特征。

弗兰西斯·培根曾说:"性格决定命运,而人是自己性格的设计师和创造师。"我们每个人都应该主导自己的性格。培养良好的性格,对个人、对社会都有着重要的意义。

请思考:如何成为自己性格的真正主人?

一、概述

(一) 性格的概念

性格是个体对客观现实稳定的态度及与之相适应的习惯化的行为方式。人的性格是在活动中形成和发展起来的,并在活动中表现出来。人在现实生活中,受客观事物的影响,特别是社会环境的影响,并通过认识、情绪和意志活动在个体的反映机构中保持下来,而形成对客观现实的各种态度,如,认真细致或马虎大意,创新精神或墨守成规,勤奋或懒惰等。这些态度一旦巩固下来就会构成一定的态度体系,并以一定的方式表现于个体的行为之中,构成个体所特有的行为方式,这时其性格特征也就形成了。因此,性格也是个体在活动中与特定的社会环境相互作用的产物。但是并不是人对现实的任何一种态度都代表他的性格特征。在有些情况下个体所表现出的态度和行为,是一时性的、偶然性的反应,不能视为性格特征。同样,也不是任何一种行为方式都可以表明一个人的性格特征,只有习惯化了的行为方式,才能表明其性格特征。例如,一个人在某种特殊情况下,一改机敏的常态而是行动呆板,我们就不能把呆板看作是此人的性格特征。总之,作为性格的态度和行为方式,总是比较稳固的、习惯性的,甚至在不同的场合都会表现出来。

(二) 性格的形成

现代心理学家认为,性格是在遗传与环境两种因素的交互作用下逐渐发展形成的。

首先,人的生理遗传因素为性格的形成和发展提供了前提条件,它能影响性格的发展方式和表现形式。

其次,性格是社会实践的产物,是人们在能动地认识世界和改造世界的过程中逐渐形成的。在社会客观条件的影响和制约下,人们自觉或不自觉地改造着自己的性格,提高对客观环境的适应能力和耐受性,久而久之,就能形成一套对客观现实稳定的态度与行为方式,这种态度和行为方式就是性格。

盖奇变了

最后,教育对性格的形成起着熏陶作用。学校是通过多种活动有目的、有计划地向学生施加影响的场所。学生在学校中不仅掌握一定的科学文化知识,也接受一定的政治观点,内化一定的道德标准,学会了为人处世的方式,形成着自己的性格。在性格形成中,学校教育发挥主导作用。

(三) 性格和气质

性格和气质都是反映个体典型行为的概念,它们的关系十分密切,但是又有区别。

性格和气质的不同之处主要表现在下列三个方面:第一,气质是先天的,是高级神经活动类型的自然表现。性格是后天的,是现实生活经历与社会环境相互作用的结果,反映了人的社会性。第二,气质的可塑性较小,变化较缓慢。性格的可塑性较大,环境的影响作用十分明显,其虽然相对稳定,但是较易改变。第三,气质所指的典型行为是它的动力特征而与行为的内容无关,因而气质无好坏之分。性格主要是指行为的内容,表现个体与社会的关系,因而具有社会内容与社会意义,所以有好坏之分。

性格与气质又是相互渗透,相互制约的。这种密切的联系表现在以下几个方面:首先,气质会影响个人性格的表现和形成,使性格"涂上"一种独特的色彩。例如,同样是具有勤劳性格特征,多血质的人表现为情绪饱满、情绪充沛;黏液质的人表现为操作精细,踏实肯干。气质还影响性格的形成和发展的速度。例如,要形成自制力的性格特征,胆汁质的人往往需要付出极大的努力和克制;而抑郁质的人就较容易形成。其次,性格可以在一定程度上掩盖或改造气质,使它具有社会实践所需要的特征。例如,护理工作人员应该具备沉着冷静的性格特征,在严格的职业训练活动中,这些性格特征的形成有可能掩盖或改造着胆汁质者易冲动和不可遏制的气质特征。

二、性格的特征

性格是十分复杂的心理现象,包含着各个侧面,具有各种不同的性格特征,这些性格特征在不同人的身上，组成了独特的性格模式。性格的结构有以下四方面的特征。

（一）性格的态度特征

性格的态度特征是指人在对客观现实的稳固态度方面所表现出的个体差异。性格的态度特征主要有三种：一是对社会、集体和他人的态度特征，如诚实、正直、有礼貌、大公无私、虚伪、粗鲁等；二是对学习、工作、劳动和劳动产品的态度特征，如有责任心或不负责任、勤奋或懒惰、认真细致或马虎大意等；三是对自己态度的性格特征，如自信或自卑、谦虚或骄傲等。这三种态度特征相互关联，彼此影响。

（二）性格的理智特征

性格的理智特征是指人在认识过程中的性格特征，又称性格的认识特征，主要指人在感知、记忆、想象和思维等认识过程中表现出来的认知特点和风格的个体差异。例如，在感知觉方面有分析型和综合型、快速感知型和精确感知型、主动观察型和被动观察型等。

（三）性格的情绪特征

性格的情绪特征是指人在情绪活动的强度、稳定性和持久性以及稳定心境等方面表现出来的个体差异。在情绪的强度方面，有人情绪强烈，不易控制；有人情绪微弱，易于控制。在情绪稳定性方面，有人情绪波动性大，有人则情绪稳定，心平气和。在情绪的持久性方面，有的人情绪持续时间长，有的人情绪则稍现即逝。在主导心境方面，有的人经常情绪饱满，处于愉快的情绪状态，有的人则经常抑郁低沉。

（四）性格的意志特征

性格的意志特征是指人在对自己的调节方式和调节水平方面的性格特征。在行为目的明确程度方面，有的人具有明确的目的性，有的人盲动蛮干；有的人具有独立的主见，有的人则易受他人的暗示。在对行为的自觉控制水平方面，有的人具有主动性，有的人具有依从性；有的人具有较强的自制力，有的人具有冲动性。面对紧急或困难情境，有的人沉着镇定，有的人则惊慌失措；有的人勇敢、果断，有的人则优柔寡断。

性格的各种特征并不是孤立、静止地存在的，也不是机械组合在一起的，而是相互联系、相互制约成为一个整体，从而形成不同于他人的独特性格。

三、性格类型

（一）以心理机能来确定性格类型

英国心理学家培因和法国心理学家里波等，依据智力、情绪、意志三种心理机能何者占优势,把性格划分为理智型、情绪型、意志型。理智型者依冷静的理论思考行事,以理智来支配自己的行动。情绪型者不善于思考,凭感情办事。意志型者目标明确,行为主动,追求自己的目标、理想。除了上述典型类型外,还有一些中间的类型,如理智—意志型等。

(二) 以某种或某些典型的性格特征来确定性格类型

以这种方式来划分性格类型的比较多。例如,阿德勒根据个体竞争性的不同,来确定人们的性格类型:优越型和自卑型。优越型者特别好强,遇事不甘落后,总想胜过别人。自卑型者遇事甘愿退让,不与别人竞争,有很深的自卑感。

还有人根据在时间匆忙感、紧迫感及好胜心等特点上的差异将人的性格分为 A 型性格和 B 型性格。

(三) 以生活方式来确定性格类型

德国哲学家、教育家斯普兰格把人类的生活方式分为六种:理论的,经济的,审美的,社会的,政治的,宗教的。相对这六种生活方式,他把人划分为六种类型:① 理论型,这种类型的人以追求真理为目的,认识成为精神生活的主要活动,情感退到次要地位。② 经济型,这种类型的人以经济观点看待一切事物,把经济价值提高到一切价值之上,以实际功利来评价事物的价值,重视人的能力和财力。③ 审美型,这种类型的人以美为人生的最高意义,对实际生活不大关心,总是从美的角度来评价事物的价值,自我完善和自我欣赏是他们的目的。④ 社会型,这种类型的人重视爱,以爱他人为人生的最高追求,有献身精神,有志于改善他人或社会福利。⑤ 权力型,这种类型的人重视权力,并努力去获得权力。凡是他所做的均由自己决定,有强烈的支配和命令他人的欲望。⑥ 宗教型,这种类型的人信奉宗教,生活在信仰中。他们富有同情心,以慈善为怀,以爱人爱物为追求。

知识拓展

已自我实现者和想自我实现者

马斯洛列举近代史上 38 位最成功的名人,包括富兰克林、林肯、罗斯福、贝多芬、爱因斯坦等人。从他们的人生历程中,马斯洛归纳出 16 点人格特征,并认为,这些人格特征可以视为使得这些名人自我实现的主观条件。

自我实现者的人格特征(即性格特征):

1. 了解并认识现实,持有较为实际的人生观。
2. 悦纳自己、别人以及周围的世界。
3. 在情绪与思想表达上较为自然。
4. 有较广的视野,就事论事,较少考虑个人利益。

5. 能享受自己的私人空间。

6. 有独立自主的性格。

7. 对平凡事物不觉厌烦,对日常生活永感新鲜。

8. 在生命中曾有过引起心灵震动的高峰经验。

9. 爱人类并认同自己为全人类之一员。

10. 有至深的知交,有亲密的家人。

11. 具有民主风范,尊重别人的意见。

12. 遵守伦理观念,能区分手段与目的;绝不为达到目的而不择手段。

13. 带有哲学气质,有幽默感。

14. 有创见,不墨守成规。

15. 对世俗,合而不同。

16. 对生活环境有时时改进的意愿与能力。

对那些希望自己的人生也能臻于自我实现境界的人,马斯洛提出了以下7点建议:

(1) 把自己的感情出口放宽,莫使心胸像个瓶颈。

(2) 在任何情况下,都尝试以积极乐观的角度看问题,从长远的利害做决定。

(3) 对生活环境中的一切,多欣赏,少抱怨;有不如意之处,设法改善;坐而空谈,不如起而实行。

(4) 设定积极而有可行性的生活目标,然后全力以赴求其实现;但却不能期望未来的结果一定不会失败。

(5) 对是非之争辩,只要自己认清真理正义之所在,纵使违反众议,也应该挺身而出,站在正义一边,坚持到底。

(6) 莫使自己的生活僵化,为自己在思想与行动上留一点弹性空间;偶尔放松一下身心,将有助于自己潜力的发挥。

(7) 与人坦率相处,让别人看见你的长处和缺点,也让别人分享你的快乐与痛苦。

四、良好性格的培养

性格既有稳定性,也具有可塑性。稳定性说明性格有一定模式,可塑性说明性格可以通过培养得到优化和矫正。如何培养良好的性格呢?

1. 树立正确的"三观"　人的性格归根结底还要受到世界观、人生观、价值观(简称"三观")的制约与调节。树立正确的"三观",有利于培养自己良好的性格。例如,树立正确的人生观能将个人利益与集体利益、国家利益相联系,有助于塑造关心他人和集体,愿意履行对社会的义务,待人坦率、有同情心、体贴他人的良好性格特征。

2. 客观分析自己的性格特征　① 通过自我剖析,客观了解自己性格中的优缺点;② 将他人的评价与自我评价做一个全面的比较,在自我剖析的基础上加以修正,形成一个符合实际的自我评价结果;③ 根据实际评价结果,明确哪些性格特征需要保持与强化,哪些性格特征需要优化与修正,并在实践中不断调整自己、发展自己、完善自己。

3. 积极塑造良好性格　在塑造良好的性格和过程中,注意做到以下几点:第一,保持心境开朗,学会有意识地控制和调节自己的情绪,建立积极正常的情绪生活。第二,加强意志锻炼,有意识地、主动地控制自己的外在不良行为,培养对挫折的耐受力,在挫折面前既不盲目冲动,也不消极低沉。第三,自觉检查,修正自己的性格弱点,培养健康的性格模式。第四,提高思维能力,培养独立分析和解决各种问题的能力,养成良好的思维品质。

4. 勇于修正自我性格的弱点　性格弱点可通过心理训练改变,具体包括:① 不断保持最佳心理状态:通过成功的想象,使自己保持思维活跃、情绪稳定、坚定果断、自尊自强的性格特征。② 自我暗示:不断地自我提醒,自我督促,自我勉励。③ 性格修养的关键,在于努力培养自己良好的生活习惯和工作习惯。要能够针对暴露出来的性格弱点,有意识地培养与之相反的习惯,通过新的习惯来克服和改变原有的性格弱点。在个人最容易暴露性格弱点的地方战胜它。这种办法将有助于个人积小胜为大胜,最后达到完全改变性格弱点的目的。

单元测试

一、名词解释

1. 人格　　2. 气质　　3. 性格

二、单项选择题

1. 下列不属于人格一般特性的是(　　)。

　　A. 持久性　　　　　　B. 稳定性　　　　　　C. 社会性

　　D. 整体性　　　　　　E. 独特性

2. "无言独上西楼,月如钩,寂寞梧桐深院锁清秋。剪不断,理还乱,是离愁,别有一番滋味在心头。"(　　)类型的人更容易产生这种情绪。

　　A. 胆汁质　　　　　　B. 多血质　　　　　　C. 黏液质

　　D. 抑郁质　　　　　　E. 神经质

3. 《西游记》中孙悟空直率热情、精力旺盛、行动敏捷、易冲动,反映的是(　　)类型。

　　A. 胆汁质　　　　　　B. 多血质　　　　　　C. 黏液质

　　D. 抑郁质　　　　　　E. 神经质

4. 婴儿出生时,最先表现出来的差异是(　　)。

　　A. 人格差异　　　　　B. 认知方式差异　　　C. 气质差异

D. 性格差异　　　　　　E. 能力差异

5. 下列有关良好性格培养的说法,不正确的是(　　)。

A. 树立正确的"三观"

B. 正确分析自己的性格特征

C. 积极塑造良好性格

D. 性格是一个有机的整体,在人的一生中是比较稳定且无法改变的

E. 勇于修正自我性格的弱点

（杨春英）

第六单元

心理发展与心理卫生

心理发展与心理卫生

学习目标

1. 掌握：心理发展的阶段划分；各年龄阶段的心理特征和心理发展任务。
2. 熟悉：心理发展的一般规律；心理卫生的概念。
3. 了解：皮亚杰认知发展阶段理论；依恋理论。
4. 学会根据个体发展不同阶段的心理特征和心理发展任务进行以人为中心的护理。

通过本单元的学习，你将会看到一个人的心路历程，看到心理是怎样伴随人的一生而变化发展的；同时，你还会看到发展中可能遇到的种种问题甚至障碍，值得庆幸的是，我们找到了解决问题和克服障碍的对策。本单元将从动态的角度探讨个体心理发展的一般规律，阐明不同发展阶段的心理特征及心理问题，提出适合于不同阶段的维护心理健康的心理卫生措施。

第一节
心理发展

案例导入

心理发展与家庭教育

2004年，云南大学生化学院马加爵，因残忍杀害三名室友被全国通缉。而事件的导火索，只是一次打牌时发生的口角……

2013年，复旦大学医学院的研究生林森浩对室友进行投毒，致室友死亡，原因也只是一些生活琐事……

> 是什么让这些曾经的天之骄子做出这样残忍的事件,让本该成为社会脊梁的他们走上了犯罪的道路。著名的犯罪心理专家李玫瑾教授强调,人的教育关键在早年,早年的教育重点在家庭。可见家庭教育是多么重要,甚至可能影响人的一生。
>
> 请思考:有哪些因素会影响个体的心理发展?

心理发展是指个体从出生、成熟、衰老,直至死亡,生命全过程中心理的发展过程。心理的发展受多方面因素的影响,既受自身的生物学因素、心理的成熟和学习因素的影响,也受社会、文化等环境因素的影响。在各种因素的共同作用下,心理的发展表现出自身的规律性特点,从发展的总趋势看,主要表现在四个方面:一是反映活动从混沌、未分化向分化、专门化发展;二是机体活动从不随意性、被动性向随意性、主动性发展;三是认知功能从认识客体的表面现象向认识事物的本质特征发展;四是对周围事物的态度从不稳定向稳定发展。上述心理发展的任务并非一蹴而就的,它们伴随着人的成长过程甚至一生,是一个不断完善、螺旋式上升的过程。

一、心理发展的一般规律

个体的一生从受孕开始到生命的结束,都处在不断地发展变化中,这种发展变化具有一些共性,这部分的理论知识在大家将来的《儿科学》学习中会有更深入的阐述,这里我们先做简单的介绍。

(一) 心理发展的连续性与阶段性

心理发展的连续性指的是个体心理发展是一个连续、渐进的过程。我们可以明显地感受到16岁的自己和6岁的自己在生理、心智上都有明显差异,但我们一天天长大的过程中,每两天之间的差别却不那么大,这就是发展的连续性。事实上,人格的相对稳定,正是心理健康的标准之一,如果一个人短时间内产生了巨大的人格变化,我们可能要担心他是不是有某种心理疾病。

心理发展的阶段性则是由连续、渐进的缓慢改变,量变累积到一定程度后,产生质的飞跃过程。个体的心理发展会经历不同的时期,每个时期都有区别于其他阶段的特征,且各阶段的发展有一定的顺序,不可颠倒或跨越。最初皮亚杰认为儿童的发展是突变式的,但西格勒认为儿童的变化并不是突兀的,两个阶段之间有一定的重叠,他用波动隐喻来形容这个现象。把握和尊重心理发展的阶段性特征在医护工作中很重要,我们不宜操之过急。

（二）心理发展的方向性和顺序性

心理发展总是指向一定方向并且遵循确定的先后顺序，总体来说，这种顺序是从低级到高级、从简单到复杂的。如大脑各区成熟的顺序是：枕叶、颞叶、顶叶、额叶（现代研究显示，负责理智和克制的前额叶在个体达到25岁以后才能真正成熟，因此我们可以看到青少年虽然身体发育已经和成人没有太大差异，但比之成人，他们经常冲动易怒、情绪多变，这些都与心理发展的方向性和顺序性有关）。再比如我们的认知发展也存在方向和顺序，皮亚杰将认知发展分为四个阶段，这些阶段按一系列特定顺序出现，其中每一阶段都是后一阶段出现的前提，皮亚杰称之为恒常发展顺序。

知识拓展

皮亚杰的认知发展理论

三山实验

感知运动阶段（0~2岁）

这个阶段的儿童主要通过感觉和运动来认识这个世界。这一阶段有一个主要任务：获得客体恒常性。它起始于婴儿8个月大的时候，在这之前婴儿以为"看不见就是不存在"，于是他们很可能不会去寻找消失在自己视线之外的物品。对于照料者来说，当你离开婴儿时，他们会变得很烦躁，这是因为他们的客体恒常性还没有发展好，他们会以为"看不见妈妈"意味着"妈妈消失了，不存在了"，因而会产生分离焦虑。当他们获得客体恒常性后，就能够理解即使看不到某人某物，它们依然存在。大多数儿童到2岁之后，分离焦虑会得到缓解。

前运算阶段（2~7岁）

这一阶段的标志是符号功能的出现。符号功能指的是用某一事物，比如词汇或物体，代表或表征其他事物的能力。第二个重要特征是象征性游戏（假装游戏），他们经常假扮成另外的人物。有些父母会对学龄前儿童沉浸在假想的世界中，还创造出各种想象的伙伴感到担心，但皮亚杰认为，这些基本上都是健康的活动。

这一阶段的儿童有许多特点，如自我中心（无法从他人的角度理解事物）、中心化（只注意物体或活动的一面而非全局）、不可逆（无法对问题进行逆推或反向思维）、万物有灵论（认为天地万物都有和人类一样的心理特征）。

具体运算阶段（7~11岁）

在具体运算阶段，儿童会第一次打破不可逆造成的阻碍，开始理解即便事物外形产生变化，但本质不变，掌握守恒概念。伴随守恒出现的是心理运算，在他们采取行动前，可以用心理运算来推测可能的后果。他们也可以运用自己心理运算的能力，来解决一些问题,但是他们用来推理的符号通常都是具体物件,而非抽象思维。这就是小学老师教数学时,经常会用实物教具的原因,"3个苹果加2个苹果是几个苹果",也是大部分国家从6~7岁开始进行正规教育的原因。

形式运算阶段(11岁以上)

这一阶段的儿童可以将具体的实物(苹果)抽象为X、Y、Z等抽象符号并进行逻辑推导,认知发展接近成熟。

皮亚杰的认知发展理论揭示了儿童认知发展的一般规律,在发展心理学中有非常重要的地位。但是如今一些新的理论也对皮亚杰的认知发展阶段论进行了反思和批判。比如研究人员发现有些儿童的能力的出现早于皮亚杰认为的阶段,或者有学者认为皮亚杰忽略了社会、文化对认知的影响。

(三)心理发展的不平衡性

个体的心理发展不是千篇一律地按一个模式进行的,也不总是按相等的速度直线发展。具体表现在两方面:一是不同年龄段的心理发展有不同速度。比如儿童在3周岁以内和青春期心理发展最快,形成了两个加速期,而其他年龄段的发展相对平缓。第二,不同心理过程,具有不同的发展速度。比如儿童语言学习速度是快速的,而抽象逻辑思维的形成需要更长时间的累积。

作为医护人员,我们需要把握心理发展的加速期和关键时期。比如精神分析理论认为个体的人格与其6岁前的经历有重要的关联,鲍尔比也认为母婴早期的互动对孩子的依恋关系有重要作用,这会对孩子后续的人际互动模式产生影响。同时,青春期也是个体进行心理调整的重要时期,心理学家称青春期为"危机期",就是危险与机遇并存的意思。

依恋理论

依恋是指一种强烈而持久的心理联结与情感纽带,儿童早期的依恋类型直接影响后期的情感联结。心理学家鲍尔比提出依恋核心机制的内部工作模型。他认为婴儿会在亲子互动中发展出有关自己和他人的表征,也就是内部工作模型。简单来说,婴儿通过早期自己与父母互动的经验,来形成这个世界是怎样的假设。这种假设中包括自我意向和他人意向。

陌生情境测验与依恋理论

这些早年关于自己、他人、世界是怎样的认知,会在成年后与恋人、朋友的互动中影响个体与他人的交往模式,导致不同的人际结果。一些心理学研究发现,家庭结构存在代际传递,依恋就可能是这种代际传递的中介因素。

（四）心理发展的普遍性和差异性

人类心理发展规律具有普遍性，与此同时，个体心理发展的进程、内容、水平等方面具有千差万别的特殊性，各种特殊性统称为心理发展的差异性。如一岁的婴儿大多可以用电报句表达自己的要求与愿望，这是一个普遍特点，但有的婴儿发展早一些，有的发展晚一些，又表现出个体差异，不同的孩子在不同能力上的天赋存在差异，这也是差异性的体现。作为医护人员，我们需要把握心理发展的普遍性和差异性，它能帮助我们判断儿童的发展是否与当前年龄相符合，同时我们也需要充分尊重个体差异性，向父母们宣教，不要盲目攀比。

二、影响个体心理发展的因素

个体心理发展受以下因素的影响。

1. 遗传、生物学因素　一个生命的形成，始自于精子与卵子的结合，父母的形态特征、生理特征、心理特征、行为特征等都可通过遗传基因遗传给下一代。遗传是个体心理发展的基础，提供了心理发展水平模式的可能性。

2. 环境因素　胎儿期的环境，出生后的自然环境，家庭（包括父母教育态度）、学校、社会文化环境都会影响个体的心理发展。母亲的年龄、营养、健康状况、情绪、生活环境都会影响胎儿的正常发育。自然环境为每一个生命提供营养、空气、水、阳光等维系生命的必要条件，提供丰富的环境刺激感官促进个人的智能发展。家庭是个体所接触的第一个社会环境，良好的家庭环境给孩子提供必需的依附关系，家庭的温暖和安全感为孩子学习知识、技能、建立良好的人际关系打下基础，有利于人格健康发展。学校教育是影响个人性格和心理品质形成的关键，而社会文化因素对个体人格的形成以及心理是否健康发展具有不可低估的影响。环境和教育为个体提供了心理发展水平实现的条件。遗传和环境相互作用，对心理发展有重要影响。

3. 成熟与学习因素　成熟是指个体生理和行为方面的发展，包括个体的各种组织结构与功能以及本能行为的发展。学习是个体与环境接触，获得经验而引起行为变化的过程。个体心理的发展是成熟与学习共同作用的结果。心理、行为的发展既反映了通过生长的分化促进身体的成熟，也反映了积累的学习成果。

因此，只有提供丰富而适当的刺激、适当的教育和学习环境，才能促进个体心理良好发展。

三、身心发展的不同阶段

人的一生，包括不同的发展阶段。每一阶段在身心发展上，又各自有代表性的特征。

第六单元　心理发展与心理卫生

心理学界根据个体心理发展阶段的不同特点，将个体心理发展划分为胎儿期、乳儿期、婴儿期、幼儿期、童年期、少年期、青年期、中年期、老年期和寿终期。因为各期心理特点不同，存在的心理卫生问题也不同。另外，从社会化和教育的角度看，个体发展到某一年龄阶段时，其行为表现应符合某些社会认同的标准。这种行为标准，叫作"发展任务"。

表6-1中简单列出了个体发展的不同阶段，本单元第三节将依据这种划分论述个体在不同阶段的心理卫生问题及对策。

表6-1　个体发展的分期

年龄段	心理发展时期	心理发展内容	
0~1岁	乳儿期	依恋期	家庭
1~3岁	婴儿期		
3~6岁	幼儿期		
6~12岁	学龄初期/童年期		小学
12~15岁	青少年早期/少年期	青春期	初中
15~18岁	青少年中期/青年初期		高中
18~22岁	青少年晚期/青年中期	大学	
22~35岁	青年晚期	大学后	
35~60岁	中年期	事业发展到顶点 重新调整生活	
60岁及以上	老年期	适应退休 面对死亡焦虑 获得人生的完满感与意义感	

心理发展内容（右列）：情感发展、言语发展、社会性发展、认知方式发展、观念发展、性格发展、自我意识发展、独立性发展、同辈交往、人格趋于稳定、两性关系建立、社会角色实现

第二节　心理卫生

埃里克森人格发展八阶段理论

心理卫生是以积极、有效的心理活动，平稳、正常的心理状态对当前和发展着的社会

和自然环境以及自我内环境具有良好的适应能力,它是个体维护和改进心理健康的各种措施。心理卫生的着眼点是健康人群的心理保健,目的在于维护社会人口的心理健康,对于社会的稳定和发展具有重要的意义。

一、心理卫生工作的对象与任务

心理卫生工作的基本任务是研究维护和增进人类心理健康的途径和规律,以提高个体的心身素质和整个社会的精神文明水平。心理卫生工作的具体任务包括以下内容。

1. 研究心理健康的本质及其影响因素　探讨心理健康的本质和规律,研究增进人类心理健康的最佳途径和措施,为心理咨询和心理指导提供理论支持,预防各种心理疾病和心理缺陷的发生。

2. 阐明个体不同发展阶段心理保健的原则与措施　心理卫生工作的目的在于增强人的身心素质,通过心理卫生、心理健康教育促进个体健康成长,实现个体的健康发展。

3. 面向全社会人群的心理卫生服务　在心理卫生学的研究中,既要重视对个体心理健康的微观探讨,又不能忽视对集体和社会宏观心理卫生的总体研究;既要对个体的心理发展给予积极的指导和扶助,又要努力面向社会人群,创造良好的群体环境、社会环境和自然环境,以满足人类健康生存与发展的需要。

知识拓展

心理卫生运动的产生

1905年,美国耶鲁大学商科学生皮尔斯,因患精神病住进精神病医院。住院期间,他身经粗暴而又残酷的对待,又目击了病友们过着非人的生活,感触极深。三年后,他病愈出院,写了《一颗自我找到之心》一书。当时美国著名心理学家哈佛大学教授威廉·詹姆士对此书给予了很高评价,并亲自为之作序。就在这一年,美国全国范围内开展了一个心理卫生运动,康涅狄格州还第一个成立了心理卫生协会。第二年建立了全国心理卫生学会,1917年出版心理卫生杂志,1930年在美国华盛顿举行了一次国际心理卫生会议,有50多个国家参加了会议。从此,心理卫生工作逐渐在各国普及开来。1948年联合国设立了心理卫生组织,1954年建立了世界心理卫生协会。

我国于1985年成立了"中国心理卫生协会",同年9月,召开第一届全国全员代表大会,选举产生了第一届理事会。随后各省市纷纷成立了地方心理卫生协会,我国心理卫生工作的开展方兴未艾、蒸蒸日上,在社会主义现代化建设中发挥着重要的作用。

二、心理卫生的原则

1. 预见性原则 "预防为主"是我国心理卫生工作的基本方针,心理卫生工作者应该在掌握个体心理发展的基本规律的基础上,提高对其心理发展的预见能力,把心理卫生工作做在前面。有计划地进行心理健康状况的调查,有针对性地做好心理卫生的科普宣传和教育工作,做到未雨绸缪,防患于未然。

2. 发展性原则 一方面人的心理活动是一个动态的过程,在运动中个体心理结构的各方面保持着相对稳定;在内外环境的不断变化中,个体的心理、行为与外界环境维持着动态的平衡。另一方面心理活动及其特征的形成、发展,是一个前后继承的过程,过去的经历、现实的状态以及未来的发展之间形成了必然的因果链条。因此心理卫生工作必须坚持发展变化的原则,帮助个体了解过去,把握现在,创造未来,提高心理素质,促进健康发展。

3. 整体性原则 人是一个统一的整体,各个部分在运动的过程中保持着特殊的联系,任何部分的变化都会影响其他部分的变化。在心理卫生工作中贯彻整体性原则就必须把握三个统一:一是心理活动内部的统一,即人格结构的完整与稳定。心理活动的各方面通过相互影响而实现着整体的功能,切忌"头疼医头,脚疼医脚"的形而上学做法。二是心身统一。生理活动与心理活动相互作用,相辅相成。生理活动是心理活动的物质前提,心理变化也可以影响和转化为生理变化,促进或阻碍健康水平的提高。三是个体与环境的统一。心理活动的主要功能就是适应环境,环境的变化会引起心理活动的改变,心理活动特别是认知和积极的实践活动实现着对环境的改造。

4. 社会性原则 个体成长的社会背景不同,决定了其对人、对事的不同态度和行为方式。不同文化背景影响着心理健康的标准、评价和维护心理健康的方法。所以不能生搬硬套西方的模式,要充分考虑社会文化、社区、群体等本土社会因素,有的放矢地做好心理卫生工作。

三、维护个体心理健康的方法

(一) 建立良好的自我意识

良好的自我意识是心理健康的重要指标,自我意识包括自知、自爱、自信等。

1. 自知 古希腊阿波罗神庙的大门上写着一句名言:"认识你自己。"古希腊人把能否"自知"看作是人类的最高智慧。所谓自知就是对自己的过去、现状和未来有一个正确的认识,能够客观地认识到自己的价值、责任和义务等。许多心理困惑来自不能自知,过高或过低地认识和评价自己会导致适应性障碍,引起不良的情绪反应,进而影响心理健康。

客观地认识和评价自己是保持心理健康的基础和前提。

2. **自爱**　是指接受和悦纳自我。悦纳自我有两方面含义,一方面是要珍惜自己的品德和荣誉,另一方面是接受自己的缺点和不足。过度追求完美是不能正确面对自己和悦纳自己的表现。

3. **自信**　自信是建立在自知、自爱基础上的对自己内在品质和外在行为的一种确定的肯定性态度。它不同于自负和自卑,主要区别首先在于能否客观公正地认识和评价自己,即能否自知,过高地估价自己会导致自负,过低地估价自己会导致自卑。其次,自信与自负、自卑的区别还在于是否敢于面对自己和悦纳自己。自负与自卑虽然表现形式不同,但都是不能或不敢面对自己的结果。

(二) 积极参与社会实践

人的能力和潜能须通过社会实践才能充分地发展。在社会实践中,人建立起良好的和谐关系,这对一个人的身心健康是十分重要的。在社会实践中,人还可认识到自身存在的价值,使生活变得有意义,感到幸福;人一旦认识到自己的能力,提高了自己的能力,就能增强自信,使潜能得到充分发挥,就具有创造力,就能取得更大成就。作为医护人员,我们也应积极参与社会实践,为民众的健康而努力,这也是维护我们个体心理健康的重要途径。

(三) 积极适应环境、建立良好的人际关系

为满足生存的需要,个体必须与环境相互协调,即适应环境。适应的形式或是改造环境以适应个体的需要,或是改造自身以适应环境的要求,往往是在改造环境的同时也改造着自身。心理健康就是要和客观现实环境保持良好的接触,对生活中的各种问题不退缩、不幻想、不逃避,面对现实以可行的方法给予处理。

在人际交往方面,心理卫生的原则是有朋友来往,乐于助人,也能接受别人的情感和帮助,在和别人相处时持善意的态度(如信任、尊重等)。当一个人意识到他能对别人给予关心和帮助时,他的自信和自尊也会增强。所以,建立融洽的人际关系对于促进个体的心理健康是非常重要的。

心理健康素养

第三节
不同年龄阶段的心理卫生问题

心理卫生工作伴随个体生命过程的始终,本节将把人的生命过程分为儿童、青少年、中

老年三个阶段,探讨不同阶段易发生的心理和行为问题以及相应的对策,为心理卫生工作提供理论的指导。

一、儿童心理卫生

儿童心理卫生是心理卫生工作至关重要的第一个阶段。几乎所有的心理学家都认为个体的早期发展对其今后一生的发展起着重要的影响作用。完整的心理卫生工作首先应该从婚姻、受孕、胚胎等方面入手,随后的乳儿、婴儿、幼儿、童年等不同时期各有其特征性的心理问题,应采取不同的对策。

(一) 婚姻及受孕心理卫生

良好的婚姻是个体心理健康发展的基础,为未来生命的产生和发展提供了必要的准备。

1. 婚前检查的必要性　婚前健康检查有利于维护夫妻双方的健康和家庭的幸福美满,也是优生优育的前提条件,避免有遗传性疾病的新生儿的出生。

2. 孕妇的精神活动对胎儿的影响　孕妇的情绪变化可通过血液的内分泌成分的改变对胎儿产生影响。丈夫及家庭其他成员都应对孕妇体贴关怀,使其保持良好的精神状态,当然,并非所有经历高压的母亲都会有分娩并发症,这与母亲的压力管理有关。适度的应激激素(肾上腺素)还可促进胎儿成熟。因此,孕妇不必对压力过于紧张。

3. 受孕年龄对后代心理健康的影响　近些年的研究证明,最佳受孕年龄是25~29岁。如果不满20岁就结婚生子,由于自身尚未发育成熟,容易影响后代的身心健康;如果超过35岁受孕,可使先天愚型和畸形儿的发病率增大。

4. 胎教对子女心理健康的影响　胎教就是有目的、有计划地为胎儿的生长发育创造最佳环境。胎教的方法很多,较有效的方法一是对胎儿进行抚摸训练,激起胎儿的活动积极性;二是音乐胎教。

(二) 乳儿期心理卫生

乳儿指0~1岁的儿童。这一时期应注意以下心理卫生问题。

1. 提倡母乳喂养　母乳喂养可以保证乳儿生长发育所需营养,同时还能满足其情感的需要。一方面母乳营养充足,温度适宜,适合乳儿消化吸收,母乳中含有多种抗体,可增强乳儿的免疫力。另一方面可满足乳儿的情感需求。乳儿期的儿童已表现出强烈的依恋,即皮肤饥饿。

2. 经常与乳儿进行交流　儿童语言交往能力的发展是在与他人的交往中实现的,父母应耐心地与乳儿进行交流,以促进其言语能力和智力的发展。

3. 重视感官功能和动作功能训练　乳儿期适当给予声音、光等变换性刺激,可使乳儿的听觉、视觉等功能得到发展,同时可提高其模仿能力。但不能操之过急而揠苗助长。

4. 注意不良行为的矫正　不良睡眠习惯:不良睡眠习惯通常是父母的行为所致,如白天抱着孩子睡或白天睡得太多,晚上不肯睡,母亲无奈只能抱在怀里哄着睡。经过强化便形成了昼夜颠倒或抱着睡的不良习惯。因此父母应尽可能避免形成不良睡眠习惯的原因,循序渐进地给予矫正。

(三) 婴儿期心理卫生

婴儿指 1~3 岁的儿童。这一时期应注意以下心理卫生问题。

1. 断奶的心理卫生问题　断奶是饮食结构的重大变化,同时也意味着与母亲皮肤接触的剥夺,因此对婴儿来说是很大的心理打击,常会引起强烈的心身反应。WHO 建议断奶的最佳时期是在 2 岁左右,断奶的准备期应逐渐增加母乳以外的食物,循序渐进地进行。断奶期间尽量减少以喂奶的姿势搂抱孩子,可以增加其他方式的皮肤接触。

2. 口头语言训练　婴儿语言中枢已发育成熟,是口头语言发展的关键期。因此应鼓励婴儿说话,多与婴儿交谈。对婴儿说话要合乎规范,尽量少使用儿语,以免影响婴儿标准化语言的发展。

3. 运动技能训练　运动技能训练包括全身运动和精细运动两方面,既要提供适当的穿着和场地训练婴儿转动、翻滚等运动和走、跑、跳等技能;又要训练精细的手运动,如搭积木、拆装简单玩具等。训练时要给予鼓励,培养婴儿的兴趣和恒心。

4. 培养和保护好奇心　婴儿随认知功能的发展和活动范围的增加,已经具有对新事物的好奇心。他们喜欢发问,喜欢触摸新奇事物,父母要耐心地、适当地解答,力求用婴儿能够理解的语言和动作做出形象的、科学的解释。

5. 培养良好习惯,矫正不良行为　① 培养良好卫生习惯:这一阶段的卫生习惯主要培养内容是大小便控制、排泄训练。过于严厉或过于放松都不利于良好习惯的养成,甚至会影响婴儿人格的健康发展。例如严厉斥责、打骂会给婴儿留下心理创伤,造成以后的生活秩序紊乱、冷酷、吝啬等人格特征。② 进食和睡眠习惯:这时应培养婴儿使用餐具进食,这不仅可以锻炼手的灵活性,还可以培养婴儿的独立性;睡眠习惯的培养方面,主要培养婴儿定时睡眠和单独睡眠的习惯,为其以后规律地生活打下基础。③ 吸吮手指:吸吮手指是这一阶段婴儿常见的不良行为,主要原因是乳儿期吸吮的需求未能满足,如不及时纠正会导致下颌发育不良,牙列异常的现象。但也不宜使用强制的方法,最好使用转移注意的方法,把婴儿的注意力转移到与同伴玩耍、玩玩具等其感兴趣的活动上。④ 关于"第一反抗期"的问题。3 岁左右是"第一反抗期",这段时间婴儿会很强调"我自己做",有的家长把这一时期婴儿的独立要求如要做自己做不到的事情错误地理解为不良行为,认为婴儿开始不听话,并予以过分保护或严厉管制。其实这是婴儿心身发展的正常现象,应该在确保其安全的情况下,尽量让他做自己感兴趣的事情。

知识拓展

婴儿期到幼儿期的发展任务

① 会走路;② 会吃固体食物;③ 会说话;④ 养成大小便卫生习惯;⑤ 性别认定,能表现符合性别的仪态;⑥ 对简单事情能辨别是非;⑦ 初步具备道德观念;⑧ 开始识字阅读;⑨ 开始理解抽象的表意行为。了解婴幼儿的发展任务,有助于我们在临床工作中筛查孤独谱系患儿,帮助患儿早发现,早诊断,早治疗。对于正常儿童,可以促进其发展。

(四) 幼儿期心理卫生

幼儿期是指 3~6 岁,即学龄前期,这一时期应注意以下心理卫生问题。

1. 开展丰富多彩的游戏活动　游戏是幼儿的天职,在游戏中可以培养幼儿的多种能力。如身体的协调、平衡及反应速度;语言表达、记忆、思维、想象及注意能力;社会交往能力等。所以应组织各种类型的积极健康的游戏活动,促进幼儿的全面发展。

2. 语言训练和思维能力的培养　幼儿期是语言能力发展的重要阶段,要以多种方式锻炼幼儿的语言表达能力,如复述故事等。另外在这一阶段幼儿的抽象思维能力也开始发展,能够掌握数的概念,但还必须和具体的事物相联系,其思维活动是建立在表象的基础上。如能注意对数概念的培养,有利于幼儿抽象思维能力的发展。

3. 社会化能力的培养　幼儿期是社会化的重要阶段,为了能适应各种社会环境,应尽量让幼儿多参加集体活动。通过与同伴的游戏活动培养幼儿合作、谦让、礼貌等品质,学会遵守各种规则,学会处理与小朋友、与老师的关系。

4. 温馨的家庭环境　家庭是儿童主要的生活环境,家庭氛围的和谐、温馨是幼儿心理健康发展的必要条件,对其一生的成长都有重要的影响作用。影响幼儿心理发展的主要因素有亲子关系、夫妻关系和家庭氛围。

课堂互动

想一想,如果从幼儿心理健康发展的角度看,夫妻关系恶化,是否应该离婚?以下哪个观点更为恰当?

观点甲:为了孩子的幸福着想,应该维持夫妻关系。

观点乙:离婚有助于改善孩子的生活环境。

提示：

如果父母离婚，孩子可能面临四种命运：

1. 由父亲监护下的单亲教养环境；

2. 由母亲监护下的单亲教养环境；

3. 家有生父与继母，外有生母的环境；

4. 家有生母与继父，外有生父的环境。

试想，在上述四种情境之下，孩子的命运将怎样？应充分考虑影响儿童心理发展的多方面因素。

5. 培养良好习惯，矫正不良行为　① 培养独立性。自己的事自己完成，不依赖大人。② 养成助人为乐的好习惯。教育幼儿帮助别人解决困难，把快乐带给别人，自己也增加了一份快乐。③ 培养交际能力。在陌生人面前，不躲避退缩，能自然地问话和答话。④ 矫正不良行为。如对口吃儿童不应嘲笑责骂，要鼓励他开口，创造宽松的环境，练习缓慢而有节奏地朗诵诗句、练习唱歌。

（五）童年期心理卫生

童年期是指6~12岁，即学龄期。这一时期应注意以下心理卫生问题。

1. 从幼儿园到小学的过渡　童年期和幼儿期的一个重要变化，是从以游戏为主的活动变为以学习为主的活动，并开始承担一定的社会义务。因此要注意处理好这个过渡期的心理卫生工作，以避免儿童入学后的适应性困难。在入学前期就要注意进行适当的独立性训练，向他们介绍学校的情况，引起他们对学校的兴趣；学校也要注意进行这方面的引导，创造愉快的环境，让儿童感到学习是一件愉快的事情，到学校是愉快的，为入学做好心理上的准备。儿童护理人员可以指导家长更好地帮助儿童完成这种过渡。

2. 培养儿童的各种认知能力　儿童期认知能力有了很大的发展，语言表达能力更为完善，内部语言机制逐渐成熟，促进了思维的发展。所以应注意培养儿童迅速默读和有表情地朗读课文的能力、初步的观察能力、写作能力；掌握一定的记忆方法，促进形象思维向抽象思维的过渡。护理人员可以向患儿家属普及相关知识，进行健康教育。

知识拓展

童年期的发展任务

① 能够表现体操活动中的动作技能；② 能与同伴相处；③ 能适度地扮演性别角色；④ 学到基本的读、写、算等能力；⑤ 了解自己是成长的个体；⑥ 继续建立自己的道德观与价值标准；⑦ 开始有独立倾向；⑧ 渐具民主倾向的社会态度。一些学者认为，当前儿

童青春期普遍有提前的倾向。因此在某些10~12岁儿童中,也可能表现出青春期的心理特质。

3. 良好习惯的养成　这一时期主要培养的良好习惯有:① 良好的学习习惯。② 集体意识。③ 恒心。④ 责任心。

4. 不要培养"标准儿童"　"标准儿童"是成人一味地按照自己的意图培养教育出来所谓的"乖巧""听话"的儿童。这类儿童依赖性强,缺乏想象力,人格有一定缺陷,智力发展也受到一定障碍。因此要善于保护儿童天真、活泼、开放的特点,正确对待儿童的"淘气"问题,培养他们的独立性和创造性。

5. 不良行为的矫正　童年期常见的不良行为有:① 逃学:儿童的厌学、逃学行为通常是由各种消极因素的影响所致。如学习成绩不佳,老师的批评,同学的排斥,自我否定等。要针对具体原因予以纠正。② 说谎:说谎的主要原因是过失行为和父母、老师的要求之间的冲突。儿童自控能力较差,容易出现各种过失行为,他们为了避免挨批评,会编造一些谎言。教师和家长应晓之以理、动之以情、导之以行,予以纠正。③ 偷窃:偷窃的原因主要是贪小便宜和寻求刺激,对这种儿童要说服教育,要注意保护他们的自尊心,不要当众令其出丑。

二、青少年心理卫生

青少年期是由儿童转变为成人的过渡期,这一阶段以性成熟为起点,直到各种成人社会义务的形成,大致经历了十几年的时间。在这一阶段,个体的躯体、心理、行为都发生了迅速而巨大的变化。这些变化容易引起一系列心理、行为反应,因此应当十分重视青少年的心理卫生工作。"健康中国2030纲要"中提及了心理健康素养的重要性。医护人员可以通过健康教育,提升青少年的心理健康素养。

知识拓展

青少年期(12~18岁)的发展任务

① 身体器官与情绪表达趋于成熟;② 能与同伴中的异性相处;③ 能适度扮演性别的社会角色;④ 接纳自己的身体和容貌;⑤ 情绪趋于稳定,不再事事依赖父母;⑥ 考虑选择对象,为将来婚姻做准备;⑦ 学习专长,为将来工作做准备;⑧ 在行为导向上开始有自己的价值观与伦理标准。很多同学当前处于青少年期,可以关注自己的发展情况是否与当前发展任务相符合。

第三节　不同年龄阶段的心理卫生问题

(一) 少年期心理卫生

少年期是指 12~15 岁,即初中学习阶段。这一阶段应注意的心理卫生问题有:

1. 性的困惑　少年正值青春发育阶段,性意识觉醒。有的人对自身的生理变化感到神秘不解,容易形成心理上的困惑,如性幻想、性梦、手淫等。因此应根据少年生长发育的特点,进行适当的性教育和法制教育。

2. 情绪问题　由于在青春期,负责产生情绪和冲动的杏仁核已发育成熟,而负责理性、压制冲动的前额叶还未成熟,因此,少年会因外界环境的影响而表现为情绪不稳定,如家长、老师的忽视、压制,不公平待遇,学习压力等,容易发生的情绪问题有烦恼、焦虑、抑郁等。有的人在遭遇意外打击时,会丧失信心、自暴自弃,甚至表现出伤害他人、自伤、自杀等行为。因此,对少年学生应给予更多的关心、理解和支持,同时,也需更加关注青少年的心理波动。

3. 学习问题　学习负担过重、压力过大而造成的学习困难,是这一时期较为普遍的一个问题,主要表现是考试紧张综合征、厌学、逃学,甚至离家出走等。造成这种问题的原因除了学习压力过大外,主要是家长和老师的不良期望,如有的家长望子成龙心切,对子女的要求过高,子女难以达到期望目标,而对学习产生厌烦、恐惧心理;有的家长则认为子女太笨、不是学习的材料,而使子女形成自卑心理。因此要耐心帮助他们的成长,切忌揠苗助长或放任自流。

4. 人际关系问题　少年随身体的发育和社会接触面的扩大,渴望独立的愿望变得日益强烈。与之相应的人际关系特点也发生了变化,主要表现在对父母、老师开始疏远,甚至反感,进入了"第二反抗期";与同龄伙伴的关系日益密切,形成以"哥们义气"为特点的非正式社会群体;少男少女之间出现朦胧的爱恋之情等。另外,少年在具有强烈的独立意识的同时,对家庭、家长又具有强烈的依附性。这种独立的愿望和依附性的现实之间形成尖锐的冲突,在心理学中被称为两价性依赖,是影响其心理和行为的主要原因。因此,教师和家长此时要转变角色,以朋友的"身份"与之交往,尽量拉近和他们的"距离",以期更有效地帮助他们的成长。

5. 不良行为矫正　少年时期常见的不良行为主要有:① 吸烟、酗酒:少年的好奇心和模仿能力强,容易受他人的暗示尝试去做一些成年人的事情,如吸烟、酗酒等。对此,不必大惊小怪,要为他们提供好的榜样,积极引导他们向健康的方向发展。② 打架斗殴:少年情绪不稳定、行为自控能力较差,容易发生冲动性攻击行为;有的则由于家庭教育不当导致人格方面的缺陷,而出现攻击或自伤行为。很多报道表明,这一阶段的家庭暴力和学校暴力有日趋增多的趋势。因此,要在加强法制教育的同时加强对个别少年的心理疏导工作。必要时可请有关专家进行心理咨询和实施心理治疗。

知识拓展

吸烟习惯起于心理依赖

青少年为什么会吸烟？

一种解释认为吸烟习惯起于心理依赖。所谓心理依赖，是指吸烟会使人在心理需求上得到满足。青少年绝大多数是在同龄伙伴的引诱下开始吸烟的，因其在众人之前敢于尝试，能够得到同伴的认同，这种认同会对他偶尔一两次的吸烟行为产生后效强化作用。可见，青少年开始尝试吸烟，并非寻求感觉上的愉快，而是为了向同伴的行为认同，从而消除心理上的不安与焦虑，借以获得依赖需求的满足和心理上的平衡。

另一解释是认为青少年在吸烟时会有一种成熟感与独立感，因为吸烟本属成年人的行为；青少年敢于吸烟，即象征自己成熟独立。

网络依赖

（二）青年期心理卫生

青年期是指15~35岁（十四五岁至十八九岁为青春期），也有人将此阶段划为15~40岁。这段时期是人生之中最美好、最具有朝气、生命力最旺盛的阶段。

青年期心理卫生应注意以下几方面。

1. 树立正确的人生观和世界观　这是一个人认知评价系统的核心。青年树立了正确的人生观和世界观，就能对社会、对人生、对世界上的各种事物保持正确的认识和了解，并能采取适当的态度和行为反应，还能做到冷静而稳妥地处理问题，使人心胸开阔，保持乐观主义精神，提高对心理冲突和挫折的承受能力，从而防止心理障碍、心理问题的发生。

2. 学会情绪的自我调控　引导青年客观地评价自己，有效地控制和调整自身的行为，并鼓励他们积极参与社会实践，扩大知识面，丰富生活经验，培养自己广泛的兴趣爱好，不断完善自我意识，在活动中学会有效地调节和控制情绪的方法，使其更加成熟。

3. 加强自我意识的教育　通过各种教育活动，使青年能够对自己作出客观的评价，恰当地树立自己追求的目标，并通过努力最终实现这一目标。在获得成功的过程中，他们的需要得以满足，自身价值得以体现，自信心得以巩固和增强，使自己的心理机能保持良好的竞技状态，从而为追求下一个更高的奋斗目标打下坚实的基础。

第三节 不同年龄阶段的心理卫生问题

> 📖 **知识拓展**
>
> **青年期(18~35岁)的发展任务**
>
> ① 为恋爱、结婚做准备;② 能与配偶和睦相处,过亲密生活;③ 具备养家糊口的能力;④ 适应、认同自己即将或已经从事的事业;⑤ 担负起公民的责任;⑥ 有良好的社会关系。这些是我们离开学校后,未来走上岗位需要努力达成的发展任务。

4. **科学的性教育** 其教育内容包括:性生理、性心理、性道德和性疾病等问题。通过积极开展性健康知识和伦理道德教育,增强青年人的自尊心、自信心和意志力,解除他们的心理困惑,平稳情绪,正确对待各种心理失衡,建立正确的异性交往关系,树立正确的社会主义道德规范和婚恋观。

三、中老年心理卫生

(一) 中年期心理卫生

中年期一般指35~60岁。中年人的身心达到完全成熟,身体健壮,精力充沛,事业达到顶峰时期。

中年期心理卫生应做到:

1. **正视现实,量力而行** 中年人对自己的体力和能力要有正确的认识和估计,不要超负荷地工作,避免过强的劳动而造成的疲劳;学会科学用脑,用正确的思维方法来指导、处理生活和工作中的各种矛盾,善于自我控制、自我调节、自我教育,以保持良好的心境和稳定的情绪。注意劳逸结合,让心身、工作与休息符合生理规律,戒除不良的生活卫生习惯,积极主动调节好心身平衡。

2. **保持良好的人际关系** 正确处理好家庭问题,协调好上下级和同事关系;正确认识和对待自己的经济地位、工作环境和生活变迁等。在处理各种人际关系中,要克服虚荣、嫉妒、冲动、软弱、孤僻和过分内向的个性,培养踏实、稳重、勇敢、坚忍、合群的个性,以建立良好的人际关系。

3. **修身养性,陶冶性情** 生命在于运动,中年人要加强体育锻炼,开展适当的文体活动,这样不仅可以使身心松弛,消除疲劳,还可以丰富精神生活,开阔视野,陶冶情操,增进心理健康,有助于工作效率的提高。

4. **建立可行的社会保障制度和监测体系** 中年是各种心身疾病和精神疾病的高发年龄段,需要社会医疗保健部门、社会保险机构及心理咨询机构联合起来,建立健全管理监控体系,定期体检,发现问题及时诊治。同时也要加强自我心理保健。

> **知识拓展**
>
> **中年期的发展任务**
>
> ① 工作中提拔青年人；② 完成社会责任；③ 享受成就的满足；④ 能适应中年期的身体变化；⑤ 赡养年迈的父母。我们的父母大多处于中年期，我们可以通过学习更好地帮助自己的父母。

（二）更年期心理卫生

注意更年期心理卫生应做到以下方面。

1. 对更年期的症状有正确的了解和认识　更年期是人生从生长发育成熟转向衰老过程的开始，是人生的正常发育阶段。注重此期的心理卫生，有助于顺利地渡过更年期。应正确认识自身的变化，保持精神愉快，以科学的态度和良好的精神状态迎接更年期的到来。

2. 自我调节和控制　对于更年期带来的苦恼，要善于自我宽解，适当调整，使机体功能早日恢复正常。生活要有规律，饮食起居、娱乐爱好应有节制，适当参加有意义的活动和坚持体育锻炼。同时，应正确对待工作、生活中的应激事件，使个体的心身功能保持平衡。

3. 正确对待更年期的症状，适当调节　对躯体的不适，应及早诊治。要保持情绪稳定，心情愉快地面对生活，这样有利于减轻生理和心理上的不适应。

4. 提供广泛的社会支持　和睦的家庭气氛，家人的理解、体贴、宽容、帮助，社会各界的支持和理解，可以减轻更年期综合征患者的症状，帮助其平稳渡过更年期。

（三）老年心理卫生

一般将 60 岁以上这一阶段称为老年期。老年心理卫生应注意：

1. 保持乐观的情绪　国内外许多调查研究发现，长寿老人中性格开朗、乐观的占多数。自古以来我国就注重情绪对延年益寿的影响，老年人应培养新的兴趣和爱好，使自己能长久保持良好的心境。

2. 生活规律，营养合理　老年人应起居有常，早睡早起，不过度劳累，不吸烟，少饮酒，讲卫生，饮食有节，营养合理。坚持适当、适量的体力与脑力劳动，还应进行适度的文体活动，这样能充实老年人的生活，增添他们生活的乐趣，陶冶情操，有利于心身健康。

知识拓展

老年期的发展任务

① 能适应逐渐衰弱的身体;② 能面对和接受丧偶之痛;③ 能在经济上支持退休生活;④ 能与老年同伴和睦相处。考虑到未来的人口趋势,老年照护将是重要的行业发展方向。

3. **重建人际关系** 维持老年人与社会的接触,使他们通过新的社会角色体验,从社会生活中寻找友谊、精神寄托和生活动力。

4. **发挥社会支持系统的作用** 呼吁全社会普遍关注老年人的生活,提倡尊老、敬老、爱老、养老的社会风尚。同时,社会应确保老年人的经济收入,为老年人提供高质量的保健机构和活动场所,提供各种方便,满足老年人的社会需要,以确保老年人安度晚年。

课堂互动

结合个体发展的阶段,讨论自己正处在哪个阶段,呈现出哪些心理特点?

单元测试

一、名词解释

心理卫生

二、选择题

1. "第一反抗期"出现在个体（　　）岁左右。

A. 1　　　　B. 3　　　　C. 6　　　　D. 12　　　　E. 20

2. "第二反抗期"出现在个体（　　）岁左右。

A. 1　　　　B. 3　　　　C. 6　　　　D. 12　　　　E. 20

3. 以下哪项不是影响个体心理发展的因素?（　　）

A. 遗传、生物学因素　　　B. 围生期环境　　　C. 学校教育

D. 自然环境　　　　　　　E. 以上都是

(姜欣悦)

109

第七单元

心理防御与心理应激

学习目标

1. 掌握：挫折、心理防御机制及应激的概念。
2. 熟悉：影响挫折的因素，应激的过程及影响应激反应的因素，心理应激与健康的关系。
3. 了解：挫折产生的原因。
4. 学会合理运用心理防御机制应对挫折与冲突，训练自己面对应激的适应能力。

现代社会，心理、社会、文化等因素导致的过度精神紧张与适应不良已成为影响人们健康的主要因素。现代人不那么需要抵御毒蛇、猛兽的袭击，也不太需要去对抗饥寒交迫的窘境及其他有伤身体的危险，但是他们必须对付排得满满的时间表，交通、噪声、拥挤、竞争以及其他人为的紧张情境。什么是挫折、应激，如何应对，应激对健康的影响如何，将是本单元探讨的重要内容。

第一节 挫折与心理防御机制

案例导入

小李，女，某医学院护理专业本科生，家境普通，由两位妹妹中学毕业后打工赚钱支持其读大学。虽然家境不宽裕，但她从不在大家面前表现，与同学相处表面和善，但实则倔强、偏执，室友善意的建议她会用温和的语气表达强烈的反对。小李学习非常刻苦，但成绩一般，再加上性格偏执，毕业找工作屡屡碰壁，最后只能在一家小诊所工作，而同期毕业的同学均进入市级或省级大医院工作，她曾多次尝试考研也以失败告终。一毕业，小李就与同学们断了联系。几年后，小李经过努力，考入某市级三甲医院，并成为手术室的骨干护士，此时的她自信开朗，并开始主动和同学联系，积极参加同学聚会。

请思考：小李面临哪些挫折？小李为什么与同学们断了联系，为什么后来会主动联系同学？她可能运用了哪些挫折应对机制？她应对挫折的方式是否合理？

一、挫折的概念

挫折是指个体在从事有目的的活动时，遇到障碍或干扰，致使动机不能实现、需要不能满足而产生的紧张状态和相应的消极情绪反应。

课堂互动

你遇到过挫折吗？你觉得中考失利是一种挫折吗？

二、挫折产生的原因

挫折产生的原因有多种，但总的来说，可分为外部因素和内部因素。

（一）外部因素

1. 自然环境因素　由于各种无法克服的自然环境条件的限制，个人需要不能满足，动机和目标无法实现。如自然灾害、意外事故、疾病、亲属挚友的离别。

2. 社会环境因素　包括在社会生活中所遇到的社会制度、经济条件、道德、宗教、风俗习惯、种族、人际关系等社会环境的限制，而使个人的动机与目标无法实现，这远比自然因素的影响大得多。如某同学一心想当班干部，但因条件不具备，屡次竞争落选而造成挫折。

自然因素：
5·12 地震

（二）内部因素

1. 生理因素　指个体因某些生理条件的限制而无法达到目的所引起的挫折，包括身材、容貌、健康状况等，如色盲者想报考医学院校而受限。

2. 心理因素　是指由于个体智力水平、知识经验、动机冲突等方面的差异而引起的挫折。如刚毕业参加工作的护士由于紧张而导致静脉穿刺失败。

三、影响挫折耐受力的因素

挫折是一种主观感受体验，同样的挫折，发生在不同个体，其耐受程度有很大差别。影

111

第七单元　心理防御与心理应激

响挫折耐受力的主要因素有以下方面。

1. 认知评价因素　挫折是每个人生活中都会发生的事件,谁都不可能避开挫折,因此遇到挫折要理解挫折的普遍性;同时认识到挫折也并非都是坏事,虽然挫折使人痛苦,但是适当的挫折可以激励人们鼓起勇气,战胜困难,在挫折中磨炼和成长,从而变得成熟,收获成功。

2. 抱负水平　这是指一个人对自己所要达到目标的期望值。一般来说,期望值越高,目标就越难以实现,发生挫折的可能性就越大,挫折感也就越重;相反,期望值越低,目标越容易实现,挫折感就越少或没有。如有两位考生,甲发誓一定要考上重点大学,而乙的目标是考上专科学校,但结果两人均被普通大学录取,乙认为取得了出乎预料的成功而欣喜若狂,甲则认为遭受了惨痛的失利而深感挫折。

知识拓展

悲伤时如何帮助自己

1. 知道那种受打击的感觉是正常的、自然的。
2. 不用害怕哭泣,泪水有助于痛苦情感的释放。
3. 给自己愈合的时间,使自己能够很好地理解和接受丧失。
4. 必要时寻求他人的帮助。
5. 当你悲伤的感受被欢乐、笑声或其他正性情感打断时,不必有内疚的感觉。
6. 设法延迟做重大决定的时间。
7. 认识到在悲伤阶段出现自杀的想法是可以被理解的,但是如果发展到有具体的自杀计划时,要立即寻求他人的帮助。
8. 要意识到自己的生活会从此改变,但自己终究会走出痛苦的阴影,重新找到生活的意义。

课堂互动

薛宝钗与林黛玉都是贾府的亲戚,长期客居贾府,但是她们面对贾府的陌生环境适应性和耐受力都表现出巨大的差异。

1. 你知道她们的高级神经活动类型有什么不同吗?有什么特点?如何影响她们对待陌生环境的耐受力和适应性?
2. 你对自己的耐受力和适应性了解吗?你认为你应该如何调节自己更好的适应将来的临床工作?

3. 人格特征　人格是一个人具有的一定倾向性和稳定的心理特征的总和。不同人格特征的人,对待挫折的态度和表现方式是截然不同的。有的人性格坚定,动机受挫而锐气不减,可以随意调整和控制自己的动机和行动,最终实现目标;而有的人性格内向、敏感、懦弱,面对挫折时耐受力就不够,容易被挫折击倒。

4. 应对能力 每个人的应对能力是不同的,这和一个人的生活经历,经验积累,受教育水平,成长的环境等有关。一般认为,生活阅历丰富,历尽艰辛的人比初涉社会、生活一帆风顺的人应对能力更强,有良好的适应性;受过良好教育,主观判断和评价较为科学的人比无知、不切实际的人适应性强,更能合理地解决问题战胜挫折。

5. 社会支持系统 社会支持系统是指个体遇到困难时,能够为其提供帮助、支持、安慰的体系,这个体系包括亲人、朋友、邻居、工作单位、慈善机构或社会团体等。当人们遇到挫折时,如果能获得外界的帮助,个人的挫折耐受力就会增强;相反,一个人如果缺乏社会支持系统,独自面对挫折,就会倍感痛苦,难以克服。

6. 身体素质:一般而言,身体强健的人比身体羸弱的人挫折耐受力要强,因为身体强健的人更有精力面对挫折,处理挫折的困境。

四、挫折的反应

无论什么样的挫折都会促使人们做出相应的反应,这些反应包括:情绪性反应,理智性反应,人格变化。

(一) 情绪性反应

情绪性反应是个体受挫后首先出现的反应,每个人持续的时间长短不同,主要包括焦虑、攻击、冷漠、固着、厌世。焦虑是面临挫折时,个体最常见的反应之一,它是由挫折引发的人们对未来的担忧,从而产生紧张不安的情绪状态,并伴随生理表现,如胸闷、心慌、睡眠障碍、饮食改变。攻击是面临挫折时,个体采取的一种心理行为应对,可分为直接攻击和转向攻击,直接攻击是将愤怒的情绪直接施加给导致其挫折的人或物;转向攻击是个体对导致其受挫的对象无能为力,或对象不确定时的表现,此时个体会选择比较弱小、次要或无关的对象进行攻击或发泄,另外当个体的自我评价过低时,其攻击的对象有可能是自己。冷漠是个体受挫后表现为漠不关心、无动于衷,这是因为遭受挫折后个体不知如何应对,就用冷漠来以不变应万变,从而把自己封闭起来,自我保护。固着是指以刻板无效的重复性行为应对挫折,这主要发生在不够成熟的人身上,比如学生犯错受到不合理的批评指责,次数多了,学生自尊心受挫,找不到合理的方式宣泄和调节,就会固执己见,重复之前的错误行为来应对自尊心受挫。最后,厌世是个体遭受挫折后万念俱灰,毫无生念时的表现,有可能以自杀来应对。

(二) 理智性反应

当个体遇到挫折,经历过最初的情绪性反应后,有些人就会慢慢做出调整,从情绪性反应转为理智性反应,表现为保持冷静,理智判断,根据现实做出调整,最终解决困境。一般可以分为两种,一是坚持目标,继续努力;二是调整目标,循序渐进。

(三) 人格变化

在极少数情况下,某些人遇到重大挫折或长期挫折后,其人格的某些方面可能会发生变化。

五、心理防御机制

(一) 心理防御机制的概念

心理防御机制是由弗洛伊德最早提出来的,是构成其人格理论的重要概念之一。它是指个体处在挫折与冲突的紧张情境时,在其潜意识活动中所产生的一种解脱烦恼,减轻内心不安,以恢复情绪平衡与稳定的适应性心理反应。

心理防御机制的作用,包括积极的和消极的两个方面。积极的作用,它虽只能暂时地减轻心理症状,而不能解决根本问题,但可使个体有更多的机会去寻找更为有效的应对挫折的方法。消极的作用,使个体依赖于心理防御,逃避现实,而不能学会有效地去解决问题。心理防御机制是常见的心理现象,是人们遇到挫折后的一种本能反应,但若使用不当或过多依赖,也会导致适应不良甚至心理疾病。

(二) 常用的心理防御机制

心理防御机制的种类很多,一般可分为如下四种类型。

1. **自恋的防御机制** 心理学的观点认为,婴儿早期处于自我中心阶段,常常使用自恋的心理防御机制。此类防御机制也常见于严重的精神病病人,所以,又称之为精神病性的心理防御机制。主要有以下几种。

(1) 否认:这是一种比较原始而简单的心理防御机制,是指对已经发生但令人不愉快的事情加以否定,就像根本没有发生过一样,以此逃避心理上的不安和痛苦。如癌症病人否认自己的病情,坚信是医院误诊。此种否认机制,在精神病人中常以妄想的形式表现出来。

(2) 外射:又称投射,是把自己遭受心理挫折的原因完全归咎于他人或周围的事物,认为是别人给自己造成了困难和障碍,以此来减轻自身的焦虑不安。如考试成绩不理想,不是从主观上查找原因,而是埋怨试题太偏、太难,监考太严等。

(3) 曲解：将客观事实作歪曲性的解释，以符合自己的内心需要。采用此机制的人，不仅曲解事实，而且确信实际上就是像曲解的那样。例如，将别人对自己的排斥当作照顾，把别人的讽刺当作赞扬，即所谓"自我感觉良好"，以保持自尊心不受伤害。

2. 不成熟的防御机制　此类防御机制，其性质是不成熟的，主要有以下几种。

(1) 退化：它是指当个体遇到挫折时，放弃已经获得的成人应对方式，而恢复使用早年幼稚的方式，以此来争取别人的同情、帮助和照顾，从而减轻心理上的痛苦和压力。如，成年男性在有病需要打针时，像儿童一样号啕大哭。此种退化行为常见于癔症和疑病症患者。

(2) 幻想：它是指个体在遇到实际困难而无法处理时，便脱离现实，想入非非，依其愿望和情感任意想象，在"白日梦"中自我陶醉，以求得内心的满足。如灰姑娘对英俊王子的企盼；怀才不遇的青年人想象突然有一天被一位伯乐发现而大展宏图。

(3) 内射：与外射作用相反，即将原本指向外界的本能冲动或情感转而指向自身。例如，有人常将自己的不幸归咎于"自作孽"，是对自己的惩罚。许多抑郁症患者的自伤、自杀行为，正是由于其对自身过分的指责，把对外界的怨恨转向自己的缘故。

3. 神经症性的防御机制　这一组防御机制常被神经症病人使用，故统称神经症性心理防御机制。主要有以下几种。

(1) 合理化：它是指个体在遭受挫折或无法达到所追求的目标时，为了减轻自己的焦虑不安，维护自尊，"自圆其说"地寻找一些牵强附会的缘由进行自慰。如，伊索寓言里所描写的那只狐狸，因吃不到长在高处的葡萄，就说葡萄是酸的，与此相反，在得不到葡萄而只有柠檬时，就认为柠檬是甜的。这种"酸葡萄心理""甜柠檬心理"都是典型的合理化防御机制。

(2) 转移：它是指个体由于某些原因无法向具体对象直接发泄情感时，而将这种情感转移到其他替代者身上。例如，丈夫在外受气，回家拿妻子出气，妻子就朝孩子发泄，孩子又对家中的小狗小猫乱踢一通，由于愤怒被逐一转移，各自心境也就得以平静。

(3) 反向：它是指个体表现出来的外在行为与内在动机截然相反。因为人们的许多动机和欲望不能被意识和社会规范所认可，为了掩饰其本意，人们会从与内心欲望相反的方向表现出来。比如，有的人对内心憎恨而伺机报复的对象表现出过分的热情，正是他在无意中用反向作用来掩盖其本意。

4. 成熟的防御机制　此类防御机制属于比较成熟有效地适应方式，容易被现实社会所接受。

心理防御机制图解

(1) 升华：指将各种不为意识和社会认可的冲动及欲望加以改变，使之导向崇高的目标。升华是一种最为积极的心理自卫方式。如歌德不因失恋而自暴自弃，写下了不朽名著《少年维特之烦恼》，即是升华的典型范例。

(2) 幽默：指通过幽默的语言或行为来应付紧张、尴尬的局面或者间接表达潜意识欲望的防御机制。著名哲学家苏格拉底的妻子脾气非常暴躁，有一次，苏格拉底正在与一群学生谈论学术问题，她突然冲进来，先是大骂，接着又往苏格拉底身上浇了一桶水，面对如此难堪的局面，苏格拉底一笑，说道："我早就料到，打雷之后，定会下雨。"经此幽默，即把事情化解了。可见幽默也是一种积极的心理防御机制。聪慧、机敏、坦荡而自信的人能在适当的场合，巧妙地运用幽默，打破窘境，渡过难关。另外，从医学心理学的角度来讲，幽默对心身健康也十分有益。

(3) 理智化：指以理智的方式对待紧张的情境，借以将自己超然于情绪烦扰之外。这种机制对于经常与痛苦和死亡打交道的医务人员尤为重要，一个优秀的医务工作者无论面对多么危急复杂的病例，都应保持理智、沉着、冷静。

总之，所谓心理防御机制，就是人们在受到心理挫折和压力时所表现出来的一种心理状态和行为，是日常生活中常有的心理现象。从精神卫生的观点而言，掌握个体对防御机制的选择应用情况，有助于了解其心理问题，提高心理治疗的针对性。

第二节 心理应激

案例导入

小张和小王同是医院某科室的护士，而且都是刚刚毕业参加工作。一次，当地发生不明传染病疫情，根据需要，医院抽调人力组成专门的治疗护理队伍前往隔离病区工作，两人均入选。但是两人的想法截然不同，小张认为自己刚刚工作就可参加专科护理工作，对自己来说是快速成长的好机会；而小王觉得自己刚毕业就要参加有危险的护理工作，领导没有考虑自己刚毕业，经验不足，万一出什么问题怎么办？两人带着各自的想法进入隔离病区工作，小张积极进取，稳扎稳打，不错过任何学习的机会，并且对患者充满了爱心和耐心，小王按部就班完成护理任务，遇到难题就以自己没经验、年轻为由留给其他护士做，对待传染病人态度冷淡，漠然置之。最后，疫情结束后，小张学到了很多专科护理技能，回到科室承担了更重要的护理任务，小王依然成绩平平。

请思考：

1. 小张和小王遇到了什么样的应激事件？她们的反应和表现为什么不同？

2. 她们的应对策略有什么不同？
3. 你认为青年人应该如何应对类似的应激事件？
4. 你认为青年人该如何培养自己正向的价值观？

一、心理应激的概念

应激一词在物理学上译为压力、应力。原意是指一个系统在外力的作用下竭尽全力对抗时的超负荷状态。1936年加拿大生理学家塞里将这个词引入生物学领域，提出了应激学说。此后，人们对这个问题进行了广泛深入的研究。

现在心理学家普遍将心理应激定义为：当个体察觉需求和满足需求的能力不平衡时所表现出的心身紧张性反应状态，其结果是适应或适应不良。

二、应激过程

心理应激过程可以分为四个部分：输入、中介机制、反应、结果（图7-1）。

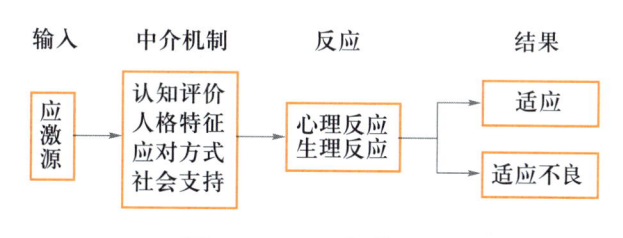

图 7-1　心理应激过程

（一）应激源

凡能引起应激反应的各种刺激物统称为应激源，一般可分为以下几类。

1. 躯体性应激源　是指对机体直接产生刺激作用的某些刺激物，包括各种理化和生物刺激物。如高温、低温、噪声、损伤、微生物和疾病等。此类应激源不仅能引起生理反应，也常常改变人的情绪状态，从而导致心理反应。

2. 心理性应激源　是指来自人们头脑中的某些紧张信息，包括各种心理冲突与挫折、不切实际的过高的期望值、不祥预感、人际冲突以及与工作责任有关的压力和紧张等。不符合客观现实和规律的认识评价是心理应激产生的主要因素。

3. 文化性应激源　是指因语言、风俗习惯、生活方式、宗教信仰等改变所造成的刺激或情境。如迁居异国他乡、个体进入一个与原来文化背景不同的环境等。

4. 社会性应激源　包括重大的社会与经济变革、战争、自然灾害、失业、家庭稳定危机和亲人意外事故等。

(二) 中介机制

在现实生活中,应激事件是普遍存在的,也是难以避免的。为什么有些人产生了强烈的应激反应,甚至发生疾病;而另一些人却在同样的应激环境中适应良好,并未出现健康问题呢?这是由于应激的中介过程不同,导致了不同应激结果。

(1) 对应激源的认知评价:人生中会遇到无数的生活事件,但不是所有的事件都会引起人的心理应激反应,只有当个体觉察到危机存在,才能构成应激,这就是认知评价。一件事情不管它是否真正对个体有威胁,但只要个体认为它是有威胁的,就可能引起我们的心理应激反应。认知评价与人的文化教育、价值观念和行为准则关系密切。对同一类应激源的反应,可因个体对事物的认知评价、体验、观念等不同而存在很大差异。如对失恋这一应激源,有人将它认定是重大挫折而抑郁悲伤甚至轻生,有人却将它看作是一次重新生活和重新选择的机会,并不表现出强烈的情绪反应和生理反应。生活经历中应激体验丰富的人再次面对应激时常常从容不迫,缺乏生活体验的人突然面对应激容易不知所措,适应不良。

(2) 人格特征:人格特征影响个体的适应能力和对应激的反应方式。如初次离家到一个新的学校或工作环境,有良好性格特征的人会产生愉快的情绪,并调整机体各种功能很快适应新的环境。但缺乏独立生活能力,胆怯的人,却如临大敌,精神高度紧张,不知所措,甚至产生神经症或躯体疾病。

疫情期封校的故事

(3) 应对方式和能力:合理运用心理防御机制,正确估计自己的应对能力,就能较好地适应和应对应激。过高估计自己的应对能力,对生活事件的变动缺乏足够的心理准备,易受挫折,而导致强烈的心理生理反应。但过低估计自己的应对能力,缺少信心,则易受生活事件的消极影响,更易引起精神紧张,增强应激反应,而引起心理、生理功能紊乱。

(4) 社会支持系统:主要指在应激状态下,来自社会各方面的精神上和物质上的援助。当一个人遇到不幸或处于危难时,来自家庭、亲友、同事和社会各方面的支持、关心和理解,可以有效地帮助其摆脱困境,降低应激反应的水平,战胜应激。缺少或不能很好地利用社会支持系统的人,对同样的应激事件,心理、生理反应的强度相对较为显著。

(三) 应激反应

当个体察觉到应激源的威胁后,就会产生各种心理、生理的变化,这些变化称为应激反应。

1. 应激的心理反应包括认识反应、情绪反应、行为反应、自我防御反应。

(1) 认知反应:适度的应激状态有助于增强感知,活跃思维,提高认识能力。过度的应激则对认识活动产生不良影响,使思维混乱或言语迟钝、判断力下降、自我评价能力降低等。这是因为,强烈的焦虑情绪和冲动行为破坏了人们心理上的内稳定状态,从而歪曲了对应激源的认识,不能恰当使用自我防御机制。

(2) 情绪反应:根据应激源性质和强度的不同,人们可产生焦虑、恐惧、愤怒和抑郁等情绪反应。焦虑是心理应激下最常见的一种心理反应,是指尚未接触应激源,但已预感到即将发生危险或威胁时的情绪反应。适度的焦虑可以提高人的警觉水平,促使人们投入行动,以适当的方式应对应激源,从而有利于个体适应外界环境的变化。但过度的焦虑则是有害的,因为它影响人们准确地认识、分析和考察自身所面临的挑战,从而难以做出符合理性的判断。如果把焦虑看作是尚未接触应激源,但已预感到即将发生危险或威胁时的情绪反应。恐惧则是一种企图摆脱已经明确的危险或威胁的逃避情绪。如遇到"前方当心落石"提示牌,人们会紧张小心,不安担心,多方观察,这是焦虑,如果此时落石直接落下,人们会立刻奔跑避开,这是恐惧。愤怒是人们欲望受阻,失败的经历多次累积后表现出的一种情绪。抑郁包括一组消极低沉的情绪。如悲观、失望、无助和绝望等,引起抑郁的应激源多是在个体评估后,自认为缺乏应付能力,而对前途丧失信心。

(3) 行为反应:应激状态下个体的行为可表现为"战"或"逃"两种类型:"战"是知难而上,去接近应激源,这可以是与愤怒有关的拼搏和攻击行为,也可以是非攻击性的,表现为正视现实,分析研究,想方设法解决问题。"逃"则是回避远离应激源的防御行为,多受避免伤害的安全动机的驱使,与恐惧情绪有关。此外,还有一种既不"战"也不"逃"的行为,称为退缩性反应,表现为归顺、依附、抑制与讨好,多与保存实力和安全需要有关,具有一定的生物学与社会学意义。

(4) 自我防御反应:借助于自我防御机制,面对环境的挑战,对自己的应对效果做出新的解释,以减轻应激所引起的紧张和内心痛苦。这是除了行为反应外,减轻心理应激的另一类常用方法。

2. 应激的生理反应　在应激的生理反应中,下丘脑、垂体和肾上腺系统起着重要作用。

应激源作用于人体时,中枢神经系统对应激信息接受、整合、传递至下丘脑。下丘脑通过兴奋交感—肾上腺髓质系统,释放大量儿茶酚胺,增加心、脑、骨骼肌的血流供应。同时下丘脑还分泌神经激素,如肾上腺皮质激素释放因子(CRF)等,广泛影响体内各系统的功能,以利于机体进一步全面动员,更有效地适应各种刺激。

在日常生活中,当人们遇到一些刺激性生活事件,如考试、会见陌生人或接受一项重要任务而造成紧张时,体内释放的肾上腺素会不断增加通向心、脑等器官的血流,提高机体的感知能力,增加能量以便应付挑战。同时,机体发生一系列生理反应,如心率加快、心排出量增加、血压升高、胃肠分泌减少且蠕动减缓、呼吸加快、尿频、出汗、厌食、失眠多梦等。直到人们适应了相应应激源的刺激后,这些生理反应才会逐渐消失。

第七单元　心理防御与心理应激

如果人们遭遇一些意外灾祸或遭受重大挫折而面临紧急危难,承受强烈而持续的精神刺激时,将会发生一系列更为显著的生理反应,引起机体生理功能的紊乱、失衡,甚至发生病理性改变。

(四) 应激应对

应对是指个体面对应激时,使自身适应或摆脱某种情境所采取的措施,也称为策略。应对的方式分无意识和有意识两种。前者即心理防御机制,后者是指个体在应激状态时,自觉地、主动地调节自己的心理状态,修正目标,改变认识和行为,保持心理平衡,达到适应的过程。应对是机体的一种适应功能,主要方式有以下几种。

1. 调整情绪或环境　当心理应激时,可以通过调整情绪或环境而有效地应对应激。如调整与周围人的人际关系,获得社会支持系统的关心和帮助,或改变一下造成心理应激的环境,使心身紧张状态得以缓解。个体要在应激中正确认识自己,不因应激而对自己有负性的评价,多阅读,多参与社会活动,多与品格优秀的人交流,从而能积极的调节自己,能够自我发展,适应环境。

2. 适度的压抑　当处于心理应激时,用意志力量适度压抑住愤怒、焦虑等情绪反应,以冷静积极的情绪应对应激,解决问题。但长期过分的压抑则有损于心身健康。当个体在学习和生活中遇到困难时,首先应锻炼自己的意志,可通过学习革命先辈和现代楷模的事迹,培养自己正向的价值观,认识到劳动体现价值,国家使命高于个人需要;去寻找身边的平凡人物,如最美逆行者,抗疫志愿者等,了解他们的故事可以帮助学生进一步认识临床工作,增加职业认同感,职业自豪感,培养学生成为有温度,有人文关怀,爱工作的护士。

3. 正确对待应激　在人的一生中都不可避免地遇到各种各样的、程度不同的困难挫折和应激事件。面对这些情境要冷静分析原因,总结经验教训,改变消极认知,在应激状态下不惊慌失措,不悲观丧气,增强信心,克服困难,以豁达的心态对待应激源。要多阅读书籍,了解历史,特别是我国的近代历史、革命史,以史为鉴,理解应激事件的普遍性和两面性;学习现代史,感受时代洪流的力量,做有理想,有担当,爱祖国的新时代的青年人。

4. 面对现实修正目标　有许多心理压力和挫折感来源于个体脱离现实对客观事物绝对化的要求,或对自己估计过高。因此,必须根据客观实际情况修正目标降低期望值,才能减轻应激强度。如青年人树立了远大的理想后,即投入到积极努力中去,当中会遇到阻力、困难、失败,这些都可引起心理应激反应,青年人应该不气馁,不放弃,调整目标的高度,先从小目标做起,再慢慢实现理想。

5. 精神宣泄和放松　遭受心理应激时,要创造一种能自由宣泄受压抑情感的情境,使各种消极情绪得以发泄,内心的压力得到缓解。否则长期的心理社会刺激可导致心身疾病,如悲痛时想哭就哭一场,心烦时向亲人或好友尽力倾诉,愤怒时合理恰当地出口气,或者通过到大自然中散步、游戏、从事文体活动,使紧张的心身状态充分得到放松。

三、心理应激与健康

应激是人们生活中不可避免的,对人们的生活有重要的影响,根据应激反应结果的不同,分为积极的影响和消极的影响。

(一) 心理应激对健康的积极影响

适度的心理应激对人的健康和功能活动具有促进作用,这类应激称为"良性应激"。心理应激对健康的积极影响表现在以下两个方面。

知识拓展

急、慢性心理应激状态的表现

根据应激持续时间的不同,可以分为急性应激和慢性应激,不超过1个月的应激为急性应激。处于急性心理应激状态的人,常常有较强的心理与生理反应,由此而形成了3种常见的临床综合征,即:

1. 急性焦虑反应　表现出烦躁、过敏、震颤、厌食、腹部不适等症状。
2. 血管迷走反应　表现为虚弱、头晕、出汗等。
3. 过度换气综合征　表现为呼吸困难、窒息感、心悸等。

慢性心理应激的典型综合征是"神经血管性虚弱",病人感到易疲劳、胸痛、心悸以至呼吸困难等。

1. 适度的心理应激是人类成长和发展的必要条件　人的成长和发展涉及人的身、心和社会功能的成长和发展。遗传与环境是影响成长和发展的两个因素,心理应激的经历可看作是一种环境因素。心理学的许多研究表明,早期的适度心理应激可促使其心身发育,早年的心理应激经历可提高个体在日后生活中的应对及适应能力,从而能更好地耐受各种紧张性刺激物和致病因子的侵袭。日常经验也表明,那些小时候受到"过分保护"的儿童,待其长大成人走向社会后,往往容易发生适应问题,甚至因长期、剧烈的心理应激而中断学业、工作或罹患疾病。

2. 适度的心理应激是维持心理和生理功能的必要条件　在日常生活中,一个人总会碰到矛盾,遭受各种应激源的侵袭,解决矛盾、应付挑战既可引起紧张、苦恼和劳累,也可带来成功的喜悦、轻松和欢乐。没有紧张,就无所谓松弛,没有苦恼就难以体味幸福。实验心理学关于感觉剥夺和单调状态的大量研究已证实,缺乏适度的环境刺激会损害人的心身功

第七单元　心理防御与心理应激

能,包括脑电图的改变、错觉、幻觉、智力功能和情感障碍。工业心理学中关于流水线作业的研究表明,由于某种工作性质缺少变化和挑战性,进入岗位后不久,工人就感到疲乏、嗜睡、厌烦、情绪不稳定、易激动、注意力难以集中,工作效率也自然随之下降,事故和缺勤也相应地增加。一旦增加工作场地的刺激性和工作的变异性、挑战性,就可以明显改善工作人员的心身功能,提高工效。

显而易见,心理应激可以消除单调、厌烦的情绪,提高学习与工作的乐趣。因此,在日常生活中常见到人们主动地寻求适度的紧张性刺激。青年学生应不惧困难、不怕麻烦、主动学习、积极探索,承受心理应激的同时享受战胜应激的乐趣和成功的喜悦。

(二) 心理应激对健康的消极影响

1. **躯体与精神痛苦的根源**　心理应激引起的心理和生理反应,可以以症状、体征形式见于临床,成为人身体不适、虚弱和精神痛苦的根源和就医的原因。

2. **可引发多种疾病并可加重原有病情**　引发疾病是心理应激对健康的严重消极影响。在神经症、精神疾病和心身疾病中,应激有着广泛的影响。心理应激还可诱发高血压,导致脑血管硬化病人发生脑血管痉挛或脑出血。应激引发和加重病情的情况在临床上非常多见,如过分的激动诱发心脏疾病,长期过度疲劳导致猝死。

过劳死

为了研究个体接受多少社会心理刺激量便可产生疾病,美国学者霍尔姆斯等人根据大量社会调查及病历资料分析,把在现代社会中个体所可能遭受到的、需要付出努力来应付的各类事件归纳出43项,并将每项事件按其对人的影响程度以生活事件单位(LEU)为指标予以定量,编制了社会再适应评定量表(表7-1)。

🎓 知识拓展

易怒的人伤口愈合慢

经研究发现,易怒的人伤口愈合所需时间会比较长。

美国俄亥俄大学的研究人员进行了一项研究,志愿者事先都在其前臂上制造小的烧伤,接受了一系列心理测试,以评估他们日常发怒的频率,然后按"发怒等级"被分类。测试结果表明,对于不能控制愤怒情绪的人来说,测试中的小伤口需要4天以上时间才能痊愈,约是好脾气的人的3倍。研究人员推测说,易怒的人应激激素皮质醇分泌量比较高,这可能是他们伤口难以痊愈的原因。

表 7-1 社会再适应评定量表

等级	生活事件	LEU	等级	生活事件	LEU
1	配偶死亡	100	23	儿女离家	29
2	离婚	73	24	姻亲纠纷	29
3	夫妻分居	65	25	个人取得显著成就	28
4	坐牢	63	26	配偶参加或停止工作	26
5	亲密家庭成员死亡	63	27	升学或毕业	26
6	个人受伤或患病	53	28	生活条件的改变	25
7	结婚	50	29	个人习惯的改变（衣着、习俗）	24
8	被解雇	47	30	与上级矛盾	23
9	复婚	45	31	工作时间或条件变化	20
10	退休	45	32	迁居	20
11	家庭成员健康变化	44	33	转学	20
12	妊娠	40	34	娱乐改变	19
13	性功能障碍	39	35	宗教活动较正常增多或减少	19
14	家庭增加新成员（出生、老人迁入）	39	36	社会活动的变化	18
15	业务上的再调整	39	37	抵押或少量负债	17
16	经济状况的变化	38	38	睡眠习惯改变	16
17	好友死亡	37	39	生活在一起的家庭人数变化	15
18	工作性质变化（改行）	36	40	饮食习惯改变	15
19	夫妻多次吵架	35	41	休假	13
20	中等负债	31	42	圣诞节	12
21	抵押品赎回权被取消	30	43	轻微的违法活动	11
22	工作职责上的变化	29			

霍尔姆斯发现，一年内 LEU 累积得分超过 300 分者，次年患病的可能性达 86%，在今后两年内发生重大疾病的可能性达 75%；一年内 LEU 累积为 150~300 分者，次年患病的可能性为 50%；150 分以下者，感到严重不适或患病的可能性只有 33%。社会再适应评定量表对各种应激源进行了量化处理，为研究心理应激与疾病的关系提供了客观的可比性的资料依据。但是，各种生活事件在不同的个体，由于认知水平的差异所形成的心理应激强度不同，对健康带来的影响也就不同，因此这一评定量表尚需进一步完善。

第七单元　心理防御与心理应激

单元测试

一、名词解释

1. 心理防御机制　　2. 应激

二、单项选择题

1. "白日做梦"属于心理防御机制中的(　　)。

A. 投射　　　　　　B. 合理化　　　　　　C. 否认

D. 反向　　　　　　E. 幻想

2. 吃不到葡萄说葡萄酸,得不到的东西是不好的,这种心理防御机制称为(　　)。

A. 退化　　　　　　B. 合理化　　　　　　C. 否认

D. 反向　　　　　　E. 曲解

3. 应激反应是指个体因为应激源所致的(　　)。

A. 生物、心理、社会、行为方面的变化

B. 认知、意志、情绪、个性方面的变化

C. 幻听、幻觉、妄想等精神症状方面的变化

D. 心理障碍、心身障碍、心身疾病等心身方面的变化

E. 焦虑、恐惧、愤怒、抑郁等情绪方面的变化

4. 关于社会支持系统的概念,以下说法正确的是(　　)。

A. 个体体会到的来自社会的精神支持程度

B. 个体与社会的客观联系程度

C. 在应激时能被个体利用的社会网络

D. 应激时给个体的工作单位所提供的帮助

E. 以上说法都正确

(高　珩)

第 八 单 元

心理评估

心理评估

> **学习目标**
> 1. 掌握：心理评估、心理测验的基本概念及心理评估的程序和方法。
> 2. 熟悉：心理测验的条件。
> 3. 了解：临床常用心理测验。
> 4. 学会应用心理测验对被试者进行施测。

心理评估避免了只注重人的躯体病变，"看病不看人"的单纯生物医学模式的弊端，而注重发现人的心理现象在疾病的发生、发展、转归过程中的变化及关系。心理评估通过会谈、观察、调查、心理测验等方法收集病人的资料，再与病人的其他临床资料密切结合，做出综合评价。心理测验是心理评估的重要方法。

第一节
概述

案例导入

陈某，男，19岁，无重大躯体疾病史。自从升入高三以来，感觉自己除了学习其他都不会，特别笨，尤其是跟人交往方面。感觉自己不受同学欢迎，总是自己一个人学习独处，很少与其他同学交往。最近这种困扰愈发突出，和不很熟悉的人讲话会紧张，冒冷汗，感觉自己一无是处，晚上总是失眠，上课注意力难以集中。

请思考：对陈某可以采用哪些心理评估的方法？

125

一、心理评估的概念

心理评估(psychological assessment)是应用心理学的理论和方法对人的心理过程、个性特征以及心理健康水平所做出的评价。

心理评估的对象包括正常人和病人,在医学领域,概括起来有以下几方面用途。

1. 判定躯体疾病伴发的心理问题或心理障碍。
2. 是选择心理治疗措施和判定治疗效果的依据。
3. 精神疾病诊断、治疗依据之一。
4. 用于评估各种人群的心理健康状况及指导疾病的预防。
5. 用于研究心理、社会、环境因素在疾病的发生、发展、转归中的作用。

二、心理评估的方法

(一) 会谈法

会谈法也称晤谈法,是通过与被评估者或其家属进行交谈沟通以获得有关资料的方法,是心理评估最常用的基本方法。会谈法能否获得详尽的被评估者的相关资料,如目前的心理问题、个人成长经历、生活事件、人际关系及对评估有价值的个人隐私等,关键在于会谈双方良好关系的建立和会谈技术的准确应用。评估者的综合素质带给病人信任和可靠感的"第一印象",是建立会谈双方良好关系的重要环节,可以为准确评估打下坚实的基础。

(二) 观察法

观察法是通过对被评估者行为直接或间接的观察所获得的资料进行评估的方法。观察法获得的资料真实、客观,尤其适用于儿童、精神疾病病人的心理评估。但观察法只反映被评估者的外在行为,同时还受评估者的专业知识、理解力、洞察力的影响,最好与会谈法结合应用。

(三) 调查法

调查法是通过询问、书面提问等方式收集评估资料的方法。包括问卷法、访问法、作品分析法等。调查法可以在较短时间内收集大量资料,既可以调查过去的资料也可以调查现在的资料,广泛而全面。但由于调查资料具有间接性,常受被调查者主观因素的影响,难以保证所得资料的真实性和准确性,需评估者加以判断。

(四) 测验法

测验法是心理评估的重要方法,具体内容详见第二节。

三、心理评估的程序

（一）确定评估目的

首先应该明确评估的目的。明确所做的评估是为了心理疾病的诊断、寻找疾病的病因、心理健康调查还是科学研究，针对不同目的做好下一步评估计划。

（二）交谈与观察

详细了解被评估者的资料，类似于医学检查中的问诊。

（三）躯体检查

对于以躯体症状为主的被评估者，应进行必要的身体检查，以排除器质性病变。

（四）心理测验

心理测验是心理评估中的辅助检查。与医学检查中的辅助检查意义一致，即应结合其他资料综合判定，不能完全依赖心理测验做评估诊断。

（五）诊断性评估

将以上过程获得的资料进行综合分析、判断，做出初步评估结论，在以后的心理治疗过程中进一步验证或修订。

四、对评估者的要求

（一）高尚的职业道德

在任何职业领域都存在根据其职业特点制定的职业道德规范。同样在心理评估领域，对其专业人员提出了以下要求。

1. 具有高度的责任感和事业心　心理评估人员面对被评估者需要有耐心、爱心、同情心、乐于助人之心，这是双方建立良好关系、做到准确评估的关键。

2. 尊重和保护被评估者的权利和义务　严守被评估者的秘密，满足被评估者的合理要求，不能利用工作之便为自己谋取利益。

3. 认真、慎重地对待被评估者的心理问题　不能轻率评价，以免给被评估者造成其他心理问题。

4. 管理好心理评估工具　标准化心理测验如智商测验是受管制的测量工具，只有具有相应资格的人才能独立使用和保存,不允许向无关人员泄露测验内容。

在心理评估中,要以病人为中心,时刻保持高尚的职业道德,树立正确的职业价值观,秉持诚信、敬业、责任的理念,成为合格的医护人员。

(二) 全面的知识结构

心理评估人员不仅要有心理评估和心理测量、医学、精神病学方面的基本知识,同时还要具备哲学、社会学、教育学、伦理学等方面的知识储备,这样才能全方位地做好心理评估。

(三) 丰富的社会阅历

由于心理评估人员面对的是不同性别、不同年龄、不同职业、不同生活经历的被评估者,因此要求心理评估人员应该具有丰富的社会阅历。这样在会谈、观察过程中才能更好地体察、理解被评估者的心理问题,达到准确评估。

(四) 良好的心理素质

心理评估人员需要具有健全的人格、积极的生活态度、稳定乐观的情绪状态,必须具备敏锐的观察力、准确的判断力、丰富的想象力等优良的心理品质。

(五) 较强的沟通能力

心理评估人员主要通过言语与被评估者会谈,所以评估者准确、恰当、易于理解的言语表达,共情、积极关注等技术的运用,对获得被评估者的信任和收集到全面、真实的资料起到重要作用。

第二节
心理测验

案例导入

赵某,男,45岁,某部队干部。平时不嗜烟酒,生活规律,但性情急躁,易激动。工作作风雷厉风行,争强好胜。生活中时间观念很强,如上街购物时购买完物品后立即返回,很少闲逛,走路速度快。一年前转业到地方某单位,工作不顺,常因小事"上火",发脾气。因心前区疼痛入院,诊断为冠心病。

请思考:除了进行常规的身体检查外,我们还可以做什么心理测验?

一、概念

心理测验是指在标准情况下,用量化法对人的心理现象或行为加以分析和描述。心理测验需要借助一些工具和量表来完成。它可以用数字语言反映人的心理现象,如智力、人格、情绪;也可以评定人的心理健康水平,协助诊断精神障碍,反映个体的自我意识、自尊、生活事件及应对方式等诸多方面。它具有一定的客观性和全面性,是心理评估过程中的重要辅助手段。

二、心理测验的分类

(一) 按目的和功能分类

1. 智力测验　即评估人的智力水平。临床上主要用于儿童智力发育水平的鉴定、判定脑部疾病性质的参考指标。常用的工具有韦克斯勒幼儿、儿童、成人智力测验(简称韦氏智力测验)、瑞文推理测验、比奈-西蒙智力量表等。

2. 人格测验　指评估不同个体的人格特征。主要有明尼苏达多相人格调查表(MMPI)、卡特尔16种人格因素测验(16PF)、艾森克人格测验(EPQ)、洛夏墨迹测验、主题统觉测验(TAT)等。这些测验在精神疾病的诊断、疗效判定中有参考价值,也可用于正常人群的个性调查。

3. 神经心理测验　主要用于判定脑损伤与相应行为之间的关系,为临床神经病学家诊断、治疗、制订康复计划提供依据,如 H-R 神经心理成套测验。

4. 评定量表　主要反映被评估人自己的主观感受和行为的量表。包括90项症状自评量表(SCL-90)、焦虑自评量表(SAS)、抑郁自评量表(SDS)、生活事件量表(LES)、A 型行为问卷、精神障碍评定量表等,是临床各科室应用较多的心理测验。

(二) 按方法分类

1. 问卷测验　以问题的方式提出,由被评估者回答计分的方法,如 MMPI、SCL-90。
2. 操作测验　以操作的方式让被评估者作答评定结果的方法,如韦氏智力测验。
3. 投射测验　测验由一些意义不明确的图像、一句不完整的话或墨迹图构成,让被评估者根据自己的理解、想象解释说明,从而投射出他的人格特征,如洛夏墨迹测验、TAT。

(三) 其他分类方法

根据测验人数的多少分为个体测验、团体测验。

根据测验材料的性质分为文字测验、非文字测验等。

我国心理测验的发展史

三、心理测验的条件

心理测验的理论来自实验心理学,它的理论和技术具有一套完善的科学体系,测验工具和量表的制定都经过反复的论证、修订。因此,它不同于心理测量游戏,在应用过程中有严格的规定和要求。

(一) 对测验工具的要求

1. 标准化　指测验的编制、实施、记分和结果解释的一致性,保证对所有被试的施测条件都相同。其中包括:标准化指导语、标准化时限、标准化测验顺序、标准化题目、标准化施测条件、标准化记分方法、标准化解释。标准化能够减少误差,促使测验结果更为准确可靠。

2. 效度　即准确性或有效性。指一个测验能够正确地测量出它所要测的东西的真实程度。

3. 信度　即可靠性或稳定性。指一个测验对同一对象的几次测验中所得的结果的一致程度。

4. 常模　是通过对正常人群进行标准化测验之后所得到的一种比较标准。如同临床上根据血压的正常范围判断患者的血压是否正常,有了常模,才可以通过与其进行比较来判定被试者的测验结果正常与否。

(二) 对测验环境的要求

心理测验的环境应安静、舒适、整洁、光线适中。室内布置典雅大方,避免华丽、新奇,以免分散被试的注意力。

(三) 对测验人员的要求

1. 具备心理学、心理测验、医学的相关知识,经过严格的心理测验技能培训并获得资格认定书。

2. 测验人员在使用测量工具或量表前,必须掌握该量表的内容、特性、应用范围、实施方法,并能准确解释。

3. 保守秘密,包括测验工具的保密和测验结果的保密。

4. 恰当选择测验,不可滥用。

(四) 对被试者的要求

被试者在进行测验时,应身体健康、情绪稳定、态度认真,并了解测验的目的,消除顾虑,能集中精力完成测验。

第三节 临床常用心理测验

案例导入

张某,男,38岁,某私营企业总经理。有一次,他到自己儿子的学校开家长会,被老师当众批评时感到心烦、燥热,突然觉得透不过气来,胸闷,心慌,非常难受,认为自己得了心脏病,因此非常紧张、害怕,手脚发麻,浑身颤抖。于是他迅速地离开学校,乘出租车到医院看急诊,检查时症状缓解,未发现明显的异常。之后张某专门到某医院心内科住院检查,但未查出器质性病变。后来这种情况经常出现,每次可持续数十分钟,时间、场合均无规律可循,发病时他头脑清楚,症状能自行缓解。张某曾多次到医院就诊,也服用过药物,但无法缓解。平时生活、工作均正常。一月前,张某开始非常害怕一个人待在家里,不敢一个人到外地出差,更不敢到人多拥挤的地方怕自己突发心脏病。

请思考:对张某可以选用哪项心理测验?

本节重点介绍几种目前在我国医学临床上比较常用的心理测验。这些测验在精神科、精神卫生研究中心、心理咨询门诊用作疾病诊断的辅助检查;在综合医院用以了解躯体疾病病人的心理问题;在各种人群中作为心理健康水平调查的工具。

一、智力测验

(一) 智力测验的概念

智力测验是对人的智力水平进行客观评估的一种手段。智力主要是指人的一般能力,常用的测验主要是用来测量人的一般能力的一种手段。衡量个体智力发展水平的指标是智商(IQ)。智商分为两种:一是比率智商,二是离差智商。比率智商是指一个人的智力年龄(MA)和实际年龄(CA)的比率,公式表示为:IQ=MA/CA×100。离差智商是指一个人的智力测验的成绩与同龄人的平均成绩的比较而得的相对分数。公式表示为:IQ=15(X−x)/S+100。其中X为某人实得分数,x为某人所在年龄组的平均分数,S为该年龄组分数的标准差,15是经计算所得智商分数的标准差。

(二) 常用智力测验

1. 比奈智力测验量表　比奈智力测验量表由法国心理学家比奈和西蒙两人自1905年发表以来,经过多次修订和转译,其中最有名的是美国斯坦福大学修订的斯坦福-比奈量表。我国心理学家也对该量表进行了多次修订,制定了适合我国国情的修订本。量表共有51个试题,从易到难排列,每个试题代表四个月智龄,每岁三个试题,可测验2~18岁被试者。内容包括语意解释、理解、计算、推理、比较、记忆以及空间知觉等方面的能力。计分方法是正确通过试题的数量,根据测验总分和被试实际年龄,可从指导手册的常模表中查得被试的智商值。

2. 韦克斯勒智力测验量表　韦克斯勒于1939年编制了 Wechsler Bellevue 量表(简称WBI),1955年该量表经修订后成为目前使用的韦氏成人智力量表(WAIS)。后来又编制了韦氏儿童智力量表(WISC)和韦氏学龄前儿童智力量表(WPPSI)。韦氏智力量表包括言语和操作两个分量表,每个分量表又包括五六个分测验,每个分测验集中测量一种智力功能。言语分量表包括常识、领悟、算术、相似性、词汇和数字广度等一些分测验,可测得人的言语智商水平。操作量表包括数字符号、图画补缺、木块图形、图片排列、物体拼凑、迷津等分测验,可测得人的操作智商水平。两者相加则得出总的智商水平。

二、人格测验

人格测验是评定个体人格心理特征的一种技术,临床上常用来作为诊断工具。现将常用量表简介如下。

(一) 明尼苏达多相人格调查表(MMPI)

明尼苏达多相人格调查表是由美国明尼苏达大学教授海瑟薇和麦金利于20世纪40年代共同编制的,是世界上应用最广泛的人格测验量表之一。主要用于病理心理的研究,对于精神疾病诊断、心身疾病病人的人格特征调查有辅助作用;对于疗效判定及病情预后也有一定参考价值。凡年满16岁,具有小学以上文化程度的人都可参加测试。

MMPI包括566个自我陈述式题目,与临床有关的题目多集中在399题之前。题目内容包括身体体验、精神状态以及对家庭、婚姻、宗教、政治、法律、社会等方面的态度和看法。

其中16个为重复题目,如果被试对同一题两次回答差距较大的话,则应考虑被试是否在认真回答问题。被试根据自己的实际情况对每个题目作出"是"与"否"的回答,如果确实不能判定则不回答。答题完毕后根据被试的答题纸计算结果并进行分析。测验分14个量表,其中效度量表4个,临床量表10个。

(二) 卡特尔16种人格因素测验(16PF)

由美国心理学家卡特尔教授编制而成,主要目的是确定个体的基本人格特征。量表共有187个题目,包括乐群性、聪慧性、稳定性、恃强性、兴奋性、有恒性、敢为性、敏感性、怀疑性、幻想性、世故性、忧虑性、实验性、独立性、自律性和紧张性16个方面的内容。还可以根据16个项目的统计结果,按着一定的公式推算出能反映个体人格类型的次级因素。16PF适用于16岁以上的成人。该测验对了解个体的人格倾向、研究人格与疾病的关系等有一定的参考价值。

现在我国的许多医院已采用心理测验软件,被试者直接在计算机上答题,由计算机软件自动计算结果、统计数据,方便快捷,准确性高。

三、常用精神症状自评量表

洛夏墨迹测验

精神症状自评量表因其具有数量化、客观性、全面、简便快捷等优点,越来越多地应用于临床各科室,是心理评估和临床科学研究的常用方法。目前应用较多的有90项症状自评量表、焦虑自评量表、抑郁自评量表、生活事件量表、应对方式问卷、社会支持评定量表等。其中90项症状自评量表内涵最丰富,应用最广,本节重点介绍。

90项症状自评量表(SCL-90),由德若伽提斯编制于1975年,包含有较广泛的精神症状学内容,从感觉、情感、思维、行为直至生活习惯、人际关系、饮食睡眠等,均有涉及。

(一) 项目和评定标准

本量表由90个反映常见精神症状的题目组成(表8-1),从中分出10个症状因子,用于反映有无心理症状及其严重程度。它的每个题目均采用5级评分制,具体为(以下为题目范例):

1. 无　自觉无该项症状。
2. 轻度　自觉有该项症状,但发生得不频繁、不严重。
3. 中度　自觉有该项症状,对被试有一定影响。
4. 偏重　自觉常有该项症状,对被试有相当程度的影响。
5. 严重　自觉该项症状的出现频度和强度大,对被试的影响极为严重。

由被试根据自己最近一周的情况和感受对各题目选择适合的评分。"轻""中""重"的具体定义,则应由自评者自己去体会,不必做硬性规定。

第八单元 心理评估

表8-1 90项症状自评量表(SCL-90)

姓名　　　　性别　　　　年龄　　　　病室　　　　住院号
评定日期　　　　　　　第一次评定　　　　　　编号

指导语：以下表格中列出的病痛或问题，请仔细阅读每一条，然后根据最近一星期您的实际感觉，在相对应的数字上划"√"。请不要漏掉问题。

	没有	很轻	中等	偏重	严重
1. 头痛	1	2	3	4	5
2. 神经过敏,心中不踏实	1	2	3	4	5
3. 头脑中有不必要的想法或字句盘旋	1	2	3	4	5
4. 头晕或晕倒	1	2	3	4	5
5. 对异性的兴趣减退	1	2	3	4	5
6. 对旁人责备求全	1	2	3	4	5
7. 感到别人能控制您的思想	1	2	3	4	5
8. 责怪别人制造麻烦	1	2	3	4	5
9. 忘记性大	1	2	3	4	5
10. 担心自己的衣饰是否整齐及仪态是否端正	1	2	3	4	5
11. 容易烦恼和激动	1	2	3	4	5
12. 胸痛	1	2	3	4	5
13. 害怕去空旷的场所或街道	1	2	3	4	5
14. 感到自己的精力下降,活动减慢	1	2	3	4	5
15. 想结束自己的生命	1	2	3	4	5
16. 听到旁人听不到的声音	1	2	3	4	5
17. 发抖	1	2	3	4	5
18. 感到大多数人都不可信任	1	2	3	4	5
19. 胃口不好	1	2	3	4	5
20. 容易哭泣	1	2	3	4	5
21. 同异性相处时感觉害羞、不自在	1	2	3	4	5
22. 感到受骗、中了圈套或有人想抓住您	1	2	3	4	5
23. 无缘无故地突然感到害怕	1	2	3	4	5
24. 自己不能控制地发脾气	1	2	3	4	5
25. 怕单独出门	1	2	3	4	5
26. 经常责怪自己	1	2	3	4	5
27. 腰痛	1	2	3	4	5
28. 感到难以完成相应任务	1	2	3	4	5
29. 感到孤独	1	2	3	4	5

续表

	没有	很轻	中等	偏重	严重
30. 感到苦闷	1	2	3	4	5
31. 过分担忧	1	2	3	4	5
32. 对事物不感兴趣	1	2	3	4	5
33. 感到害怕	1	2	3	4	5
34. 自己的感情容易受到伤害	1	2	3	4	5
35. 别人能知道您的私人想法	1	2	3	4	5
36. 感到别人不理解您,不同情您	1	2	3	4	5
37. 感到人们对您不友好,不喜欢您	1	2	3	4	5
38. 做事必须做得很慢以保证做得正确	1	2	3	4	5
39. 心跳得很厉害	1	2	3	4	5
40. 恶心或胃部不舒服	1	2	3	4	5
41. 感到比不上他人	1	2	3	4	5
42. 肌肉酸痛	1	2	3	4	5
43. 感到有人在监视您、谈论您	1	2	3	4	5
44. 难以入睡	1	2	3	4	5
45. 做事必须反复检查	1	2	3	4	5
46. 难以作出决定	1	2	3	4	5
47. 怕乘电车、公共汽车、地铁或火车	1	2	3	4	5
48. 呼吸困难	1	2	3	4	5
49. 一阵阵发冷或发热	1	2	3	4	5
50. 因为感到害怕而避开某些东西、场合或活动	1	2	3	4	5
51. 脑子变空了	1	2	3	4	5
52. 身体发麻或刺痛	1	2	3	4	5
53. 喉咙有梗塞感	1	2	3	4	5
54. 感到没有前途、没有希望	1	2	3	4	5
55. 不能集中注意	1	2	3	4	5
56. 感到身体的某一部分软弱无力	1	2	3	4	5
57. 感到紧张或容易紧张	1	2	3	4	5
58. 感到手或脚发重	1	2	3	4	5
59. 想到死亡的事	1	2	3	4	5
60. 吃得太多	1	2	3	4	5
61. 当别人看着您或谈论您时感到不自在	1	2	3	4	5
62. 有一些不属于您自己的想法	1	2	3	4	5

续表

	没有	很轻	中等	偏重	严重
63. 有想打人或伤害他人的冲动	1	2	3	4	5
64. 醒得太早	1	2	3	4	5
65. 必须反复洗手、点数目或触摸某些东西	1	2	3	4	5
66. 睡得不稳、不深	1	2	3	4	5
67. 有想摔坏或破坏东西的冲动	1	2	3	4	5
68. 有一些别人没有的想法或念头	1	2	3	4	5
69. 感到对别人神经过敏	1	2	3	4	5
70. 在商店或电影院等人多的地方感到不自在	1	2	3	4	5
71. 感到任何事情都很困难	1	2	3	4	5
72. 一阵阵恐惧或惊恐	1	2	3	4	5
73. 感到在公共场合吃东西很不舒服	1	2	3	4	5
74. 经常与人争论	1	2	3	4	5
75. 单独一人时神经很紧张	1	2	3	4	5
76. 别人对您的成绩没有作出恰当的评价	1	2	3	4	5
77. 即使和别人在一起也感到孤单	1	2	3	4	5
78. 感到坐立不安或心神不安	1	2	3	4	5
79. 感到自己没有什么价值	1	2	3	4	5
80. 感到熟悉的东西变得陌生或不像是真的	1	2	3	4	5
81. 大叫或摔东西	1	2	3	4	5
82. 害怕会在公共场合昏倒	1	2	3	4	5
83. 感到别人想占您的便宜	1	2	3	4	5
84. 为一些有关"性"的想法而很苦恼	1	2	3	4	5
85. 您认为应该因为自己的过错而受到惩罚	1	2	3	4	5
86. 感到要赶快把事情做完	1	2	3	4	5
87. 感到自己的身体有严重问题	1	2	3	4	5
88. 从未感到和其他人很亲近	1	2	3	4	5
89. 感到自己有罪	1	2	3	4	5
90. 感到自己的脑子有毛病	1	2	3	4	5

(二) 适用对象

该量表适用于神经症的诊断及综合医院中躯体疾病病人的心理评估。

(三) 评定注意事项

在评定开始前，由工作人员将答题方法和要求对被试者讲清楚，然后由被试者作出独立的、不受任何人影响的自我评定。对于文化程度低的人,可由工作人员逐项念给他听,并以中性的、不带任何暗示的方式把问题本身的意思告诉他。评定时间约20分钟。评定结束时,工作人员应仔细检查自评表,凡有漏评或重复评定的均应提醒被试者再考虑评定,以免影响测验结果的准确性。

(四) 统计指标

SCL-90 的统计指标主要是总分与因子分。

1. 总分

(1) 总分:90 个单项分相加之和,能反映其病情严重程度。

(2) 总均分:总分/90,表示从总体情况看,该被试者的自我感觉位于 1—5 级间的哪一个分值程度上。

(3) 阳性项目数:单项分≥2 的项目数。表示被试者在多少项目中呈现"有症状"。

(4) 阴性项目数:单项分为 1 的项目数。表示被试者"无症状"的项目有多少。

(5) 阳性项目均分:阳性项目总分/阳性项目数,表示每个"有症状"项目的平均得分。反映被试者自我感觉不佳的项目,其严重程度介于哪个范围。

2. 因子分 共包括 10 个因子,每个因子反映出被试者某一方面的情况,通过该因子分可以了解被试的症状分布特点及问题的具体演变过程。

10 个因子名称、所包含项目及简要解释为:

(1) 躯体化:包括 1、4、12、27、40、42、48、49、52、53、56、58 共 12 项。该因子主要反映主观的身体不适感。

(2) 强迫症状:包括 3、9、10、28、38、45、46、51、55、65 共 10 项。反映临床上的强迫症状群,指那种明知没有必要,但又无法摆脱的无意义的思想、行为等。

(3) 人际关系敏感:包括 6、21、34、36、37、41、61、69、73 共 9 项。主要指某些个人不自在感和自卑感,尤其是在与他人相比较时更突出。

(4) 抑郁:包括 5、14、15、20、22、26、29、30、31、32、54、71、79 共 13 项。反映与临床上抑郁症状群相联系的广泛的概念,如情感低落、思维迟缓、活动减少。

(5) 焦虑:包括 2、17、23、33、39、57、72、78、80、86 共 10 项。指在临床上明显与焦虑症状相联系的精神症状及体验。

(6) 敌对:包括 11、24、63、67、74、81 共 6 项。主要从思维、情感及行为三个方面来反映被试者的敌对表现。

(7) 恐怖:包括 13、25、47、50、70、75、82 共 7 项。它与传统的恐怖状态或广场恐怖所反映的内容基本一致,同时包括社交恐怖。

(8) 偏执:包括 8、18、43、68、76、83 共 6 项。主要指猜疑和关系妄想等。

(9) 精神病性：包括 7、16、35、62、77、84、85、87、88、90 共 10 项。其中有幻听、思维播散、被洞悉感等反映精神分裂样症状项目。

(10) 其他：包括 19、44、59、60、64、66、89 共 7 项。主要反映睡眠及饮食情况。

(五) 结果解释

量表作者并未提出分界值，按全国常模结果，总分超过 160 分，或阳性项目数超过 43 项，或任一因子分超过 2 分，可考虑筛选阳性，需进一步检查。

单元测试

一、名词解释

1. 心理评估　　　2. 心理测验

二、单项选择题

1. 下列不属于心理评估方法的是（　　）。

   A. 会谈法　　　B. 模拟法　　　C. 观察法

   D. 调查法　　　E. 测验法

2. （　　）是指一个测验能够正确的测出它所要测量的东西的真实程度。

   A. 效度　　　B. 信度　　　C. 标准化

   D. 常模　　　E. 可靠性

3. 下列属于人格测验一项是（　　）。

   A. SCL-90　　　B. 16PF　　　C. SAS

   D. SDS　　　E. LES

4. SCL-90 评定的时间范围是（　　）。

   A. 1 个月　　　B. 半个月　　　C. 10 天

   D. 1 周　　　E. 5 天

5. 来访者主诉，不想吃东西，消化不好，头痛，心慌，失眠，对家人发脾气，心理评估选择最合适的测验是（　　）。

   A. SAS　　　B. SDS　　　C. SCL-90

   D. MMPI　　　E. EPQ

（张　颖）

第 九 单 元

心理咨询与心理治疗

> **学习目标**
> 1. 掌握：心理咨询的基本原则；心理治疗的原则；危机干预的原则。
> 2. 熟悉：心理咨询的常见形式；危机干预的基本流程。
> 3. 了解：心理咨询者应具备的条件与素养；临床常用的心理治疗方法；常见的心理危机及其干预。
> 4. 学会应用心理咨询的基本步骤；学会应用一般心理治疗技术。做到助人有方，帮人有术，帮助来访者解决困扰，逐步改变和成长，达到自我实现。

生活中人们常常会遇到各种各样的心理问题，甚至会产生各种心理障碍、罹患各种心理疾病和心身疾病，需要心理工作者为其提供相应的专业心理学帮助和治疗。我们把针对健康人群出现的心理问题提供相应专业心理学帮助的行为称为心理咨询；针对各种罹患心理行为障碍和心理精神疾病的病人提供专业心理学干预的行为称为心理治疗；针对各种突发事件引起的应激反应提供的专业心理学援助称为危机干预。

针对不同的人、不同的问题、不同的状态，应采取不同的心理学技术和手段。在长期的临床实践中，心理学家依据不同的理论和临床经验总结出相应的心理咨询、心理治疗、心理危机干预的模式和方法。本单元将向大家介绍有关心理咨询、心理治疗、危机干预的有关概念、理论和方法，为我们将来的临床工作提供新视角、新思路和新方法，促进生物医学模式向生物—心理—社会医学模式的转变。旨在重视心理健康和精神卫生，深入开展健康中国行动和爱国卫生运动，推进健康中国建设。

第九单元　心理咨询与心理治疗

第一节
心理咨询

学习目标

📖 案例导入

我如何与人交往

小林，某中职二年级学生，从小性格内向胆小，家里来客人就躲起来。初中时因为懦弱，有同学给他起了难听的外号。在学校因成绩不好，也没有什么特长，自卑心愈发严重。不敢面对老师，就连和同学打招呼都不敢直视。现在他担心以后进入社会怎么办，如何与人交往？且夜里经常失眠，人际交往问题已经影响到了学习生活。

请思考：假如你是小林，你会怎么改变目前的处境？你认为他的心理困扰可以通过哪些方式寻求帮助？

一、心理咨询的概念与性质

（一）心理咨询的概念

"咨询"一词来源于拉丁语，是商量、讨论、征求意见的意思。心理咨询是咨询者与来访者就心理精神方面存在的问题，进行诉说、商讨和询问，以求问题解决的过程。在咨询者的启发和帮助下，在良好的人际关系氛围中，使来访者的潜能得到发掘，从而找到产生心理问题的原因，辨明心理问题的性质，寻求摆脱心理困扰的条件和对策，达到恢复心理平衡、提高社会适应能力、增进身心健康的目的。

心理咨询应强调以下几个基本要素。

第一，心理咨询解决的是来访者心理或精神方面存在的问题，而不是帮助他们处理生活中的具体问题。例如，一个因夫妻关系困扰的妻子希望咨询人员能找她的丈夫谈一谈；一个学生与老师发生冲突不知道应该怎么处理，要求咨询者与老师交涉……这些问题都不是咨询者工作的职责，咨询人员需要做的是引导来访者把解决问题的着眼点集中在自己身上，让他们认识到自己在这种人际关系的冲突中起着什么样的作用。通过调整使他们能独立地处理自己的夫妻关系问题或师生关系问题。

第二，心理咨询不是一般的助人行为。它是运用心理学的知识、理论与方法从心理上为来访者提供帮助的活动,是一种有目的、有意识的职业行为,而不是人与人之间的一般交往和关系。咨询者必须是经过专业训练的职业人员。

第三,心理咨询强调良好的人际关系氛围。是否能够建立这样一种人际关系,取决于咨询者的基本态度和技巧。咨询者首先对来访者是真诚、尊重以及保持中立的态度,并采用一系列的技巧去表达自己的这种态度。

第四,心理咨询是一种学习和成长的过程。这种学习和成长主要表现为来访者人格方面的成长和完善。也就是说,通过咨询去帮助来访者自强、自立、自助,帮助他们全面了解自己,引导他们以更积极的视角看问题,挖掘和利用自己已有的心理资源去面对和解决自己的心理问题和现实困难。

第五,寻求心理咨询是基于来访者心理需要的自愿行为。只有他们感到自己的心理困扰,并且愿意去寻求心理咨询的帮助,咨询才有意义。否则,如果强迫其进行心理咨询,会给咨询带来很大的困难。

(二)心理咨询的性质

心理咨询是介于医疗与思政教育之间的一种职业性的帮助行为。因此,心理咨询与医疗、教育的关系很密切,但它又不同于医疗和教育。

首先,在心理咨询过程中,咨询者要给来访者以正面的指导、帮助、启发、教育和劝告。从这种意义上说,心理咨询有一定的教育作用,但它又不同于教育,因为来访者并不是前来学习某种知识和技能的,也不是寻求品德上的教诲,咨询双方不是教与学的师生关系,咨询人员不能以教育者自居去教育来访者。其次,心理咨询有治疗作用,然而,它不是真正医学意义上的治疗,咨询者与来访者也不等同于医患关系。心理咨询是咨询者与来访者双方共同商讨的过程,咨询者需要与他们共同分析、讨论他们的心理问题,寻找导致这种心理问题的根源。咨询者提供的各种解决问题的建议仅供来访者参考,是否采纳完全由来访者自己决定。

由此,得出心理咨询的性质:心理咨询是一种职业性的帮助和顾问行为,咨询双方是在咨询范围内的一种彼此合作的职业关系,这种关系将随着咨询活动的结束而结束。咨询双方通过共同商讨,使来访者在心灵上得到慰藉、启发、教育和帮助,从而消除心理困扰。

二、心理咨询的对象

心理咨询的对象主要包括以下人群。

1. 精神正常,但遇到了与心理有关的现实问题并请求帮助的人群。即在学习、工作和生活中遇到各种心理压力,引起矛盾冲突,产生不适应及情绪障碍者。可发生于任何一个年龄阶段,儿童、青少年、中年人、老年人都可能因为种种原因,如求学择业、婚姻家庭、社会适应等问题而出现心理困扰。他们面对上述心理困扰时,需要做出理想的选择,以便顺利地度过人生的各个阶段。在这时,咨询者向他们提供心理学帮助,这类咨询叫作发展性咨询,是心理咨询中最主要、最多见的类型。

2. 精神正常,但心理健康出现问题并请求帮助的人群。长期处在困惑、内心冲突之中,或者遇到比较严重的心理创伤而失去心理平衡,心理健康遭到不同程度的破坏,尽管他们的精神仍然是正常的,但心理健康水平却下降很多,出现了程度不同的心理问题,甚至达到"可疑神经症"的状态。这时咨询者提供的帮助,叫作心理健康咨询。

3. 临床治愈的精神病病人。精神病人,即心理不正常的人,经过临床治愈后,心理活动已经基本恢复了正常,他们已经转为心理正常的人,这时,心理咨询和治疗具备介入和干预的条件。心理咨询可以帮助他们适应社会,防止疾病复发。但是对临床治愈后的精神病人进行心理咨询时,必须严格限制在一定条件之内,有时必须与精神科医生协同工作。

三、心理咨询的原则、步骤与形式

(一) 心理咨询的原则

1. 理解支持原则　凡是来到心理咨询门诊的人,都是意识到自己在心理上存在着某种问题、想要通过心理咨询得到帮助的人。他们常常是处在极度痛苦和矛盾的状态下,也是最需要精神支持的时候。这个时候咨询者要热情诚恳地接待他们,鼓励他们畅所欲言,对他们的精神痛苦给予充分的理解和真诚的关怀,使他们得到一种精神上的支持和力量,以战胜心理困扰和痛苦。

2. 保密性原则　保密性原则是心理咨询中最重要的原则,是鼓励来访者畅所欲言的心理基础,同时也是对他们人格及隐私权的最大尊重。当建立相互信任的治疗性关系以后,来访者可能谈出自己未向任何人泄露过的内心隐秘,这表明他对心理咨询工作者的信任,同时也是真正治愈心理创伤的开始。心理咨询的保密内容包括为来访者的谈话内容保密,不公开来访者的姓名,拒绝关于来访者情况的调查,尊重来访者的合理要求等。

保密例外情况:求助者同意将保密信息透露给他人;司法机关要求咨询者提供保密信息;出现针对咨询者的伦理或法律诉讼问题;心理咨询过程中出现的法律问题,如报告虐待儿童、老人;求助者可能对自身或他人造成即刻伤害或死亡威胁;求助者患有危及生命的传染性疾病等。当遇到以上保密例外情况时,咨询者应将泄密程度控制在最小范围。

3. 耐心倾听和细致询问的原则　倾听是心理咨询中的重要步骤,只有认真倾听才能了解对方存在的心理问题,才能达到最大限度的理解;同时,还可以起到帮助来访者解除心理重负、放松紧张情绪的作用。在来访者的诉说告一段落的时候,咨询者细致的询问也是非常必要的,目的是为了澄清问题的实质,从而给予有针对性的帮助。

4. 疏导抚慰和启发教育的原则　心理咨询过程中要对来访者在情绪上进行疏导和适当的抚慰与鼓励,因为他们有心理负担,情绪低沉,他们需要理解、同情、支持与安慰。咨询者应尽力给予热情的关怀,使他们感到温暖,获得力量。在疏导和抚慰的同时,应重视正面的启发和教育,善于发现他们人格中积极的因素,并给予肯定,使他们以积极的心态调整情绪、面对现实。

5. 促进成长的非指导性原则　心理咨询中的非指导性原则是美国人本主义心理学家罗杰斯提出的。他认为,心理咨询应以咨询双方的真诚关系为基础,这种关系不是一种外部指导或灌输的关系,而是一种启发或促进内部成长的关系,因为人有理解自己、不断趋向成熟、产生积极的建设性变化的巨大潜能。因而心理咨询的任务在于启发和鼓励这种潜能的发挥并促进其成熟或成长,而不是包办代替。咨询者可以与来访者一起讨论出多种解决问题的方案,但究竟采取哪一种,是由他们自己来决定的。

6. 咨询、治疗和预防相结合的原则　心理咨询和心理治疗虽有区别,但在本质上是相通的,咨询过程本身就有一定的治疗意义。例如,来访者向咨询者倾诉压抑的情绪,咨询者帮助他们寻找这种情绪产生的原因,进行抚慰本身就有疏泄治疗的作用;咨询者帮助来访者克服焦虑、恐惧、强迫意念等种种心理障碍的过程,也是在进行心理治疗。同时,对于一些有自杀、对人有伤害等严重问题的来访者,应及时采取防范措施。

(二) 心理咨询的基本步骤

1. 开端　热情接待,讲明性质和原则,建立初步的信任关系。有的来访者并不了解心理咨询的性质、特点和咨询所遵循的原则,因此心中不免有疑虑。咨询者应通过自己的工作,为他们解释疑团。当来访者初次来访的时候,咨询者应热情而自然地对他们表示欢迎,请他们入座,并扼要介绍心理咨询的性质和原则,特别要讲明尊重隐私的保密性原则,从而消除相互的陌生感,建立初步的信任关系。

2. 了解问题　掌握来访者的意图和所存在的心理问题。通过倾听、仔细询问等基本技巧,了解来访者的基本情况和性格特点以及他们当前被什么问题所困扰,问题的严重程度、持续时间,问题产生的原因,他本人怎么看待这个问题,等等。

3. 分析诊断　辨明来访者问题的类型、性质和严重程度,以便选择帮助方法。分析诊断和了解问题是结合在一起进行的。首先弄清来访者的问题属于何种类型,是学习工作问题还是人际关系问题;是教育子女问题还是婚姻问题。从程度上看,是正常人的情绪不安、心理失衡,还是人格障碍,是神经症还是精神疾病,这些都是分析诊断中必须搞清楚的问题。这种分析诊断,一方面需借助来访者提供的有关信息和资料,另一方面要根据咨询者的心理学知识和社会生活阅历进行判断,同时,还可以采取心理测验的方法了解来访者的人格特点、智力水平、心理健康程度,以作为心理诊断中的辅助手段。

4. 帮助指导　与来访者共商对策,最终获得对问题的解决。在对来访者做出最初分析诊断后,就进入到帮助指导阶段。咨询者在对来访者心情和处境充分理解的基础上,帮助他们分析自己的问题的实质,寻找产生问题的根源和解决问题的对策。通过充分的分析讨论之后,来访者一般都会从多方面得到启发,形成新的思路。

5. 结尾　结束咨询谈话,讨论下一步的安排。咨询进入尾声,结束交谈,或简洁概括谈话过程。如果咨询需要进行多次,需预约下一次咨询时间。

(三) 心理咨询的常见形式

心理咨询有多种形式,常见的有以下四种形式。

1. 面谈咨询　面谈咨询是个别咨询中最常见和最主要的形式。它是咨询者坐等来访者上门咨询的一种形式。面谈咨询的优点:首先,可以使来访者充分详尽地倾诉,咨询者通过耐心倾听,面对面地与来访者进行磋商、讨论、分析;其次,可以使咨询者直接观察来访者,以了解他们的全面情况,做出正确诊断和有针对性的治疗;最后,面谈咨询是个别咨询,未经来访者同意,不允许第三者在场旁听,这有利于来访者消除顾虑,说出自己内心深处的想法。

2. 电话咨询　电话咨询是通过电话进行咨询。这是一种较为方便而又迅速及时的心理咨询方式,目前大多数为应付发生心理危机或急性情绪波动者的需求而设置。对于有自杀企图者它有时可以起到挽回生命的作用。

3. 书信咨询　书信咨询是通过书信形式进行的一种咨询。适用于路途遥远的来访者或不愿当面向咨询者诉说自己心理问题的人。这种方法的优点是不受距离的限制,使权威的心理咨询机构为更广泛的人群服务。缺点是因为所获得的信息较为局限,所以常常不能给予来访者有针对性的帮助,故在必要时可以预约进行面谈咨询。

4. 小组或团体咨询　团体咨询一般有两种形式。一种是由有共同问题的来访者自愿组织为两三人或更多一些人的小团体,与咨询者一起磋商或探讨大家共同关心的问题,如大学生心理咨询。另一种是由咨询者把存在共同问题的来访者组织在一起,和他们一起讨论问题,并给予切实的指导。团体咨询的人数没有固定标准,一般从两三人到十几个人均可。对于人群中普遍存在的共同问题,可以组织心理卫生讲座。

四、心理咨询者应具备的条件与素养

作为一名合格的心理咨询者,应该具备以下条件。

(一) 精湛的业务能力

心理咨询是一门科学,有自己的理论、方法和技术。从事心理咨询工作的人,必须经过专门的培养与训练,取得合格证书后方能上岗工作。

1. 掌握心理咨询的专业理论　咨询者首先要有渊博的心理学方面的知识,同时要具备心理诊断、心理疏导及各种心理治疗等医学心理学方面的知识;其次,要具备一定的临床医学知识。

2. 发展多方面的知识结构　在心理咨询过程中会遇到多方面的问题,如青年的人生观、世界观问题,人际关系问题,人格发展与社会适应问题,青春期生理、心理问题,恋爱问题,父母教育子女问题等。这就需要咨询者有全面的知识结构和丰富的阅历,同时还要以辩证唯物主义和历史唯物主义的世界观和方法论作为思想指导;还应具有教育学、社会学等方面的知识。

3. 积极参加心理咨询的实践活动　作为一名心理咨询者,除了向书本学习之外,更重要的是向实践学习,在实践中形成自己独特的咨询风格。

(二) 高尚的职业道德

1. 热爱咨询事业,有助人为乐的高尚品格。
2. 保护来访者的切身利益,尊重他们的人格和意愿。
3. 不在咨询关系中寻求个人需要的满足。
4. 以良好的伦理道德观念指导来访者。

(三) 健康的心理素质

胜任工作的咨询者应当具备下列心理品质:

1. 人格与心态是积极健康的。
2. 善解人意,能建立和谐的人际关系。
3. 情绪稳定,没有明显的心理障碍。
4. 头脑敏锐,感情真挚,有良好的心理素质。

咨询者良好的心理素质,还表现为高度集中的注意力、良好的记忆力、流畅的言语表达能力和处理各种意外事件的应变能力。

第九单元　心理咨询与心理治疗

第二节
心理治疗

📂 案例导入

　　小王,中职护理专业二年级女生,立志要成为一名优秀的护士,帮助更多的人。一年级时成绩很好,但二年级时由于生病住院一个月,返校后自己认为耽误了学习,担心成绩退步,就利用一切休息时间补习。由于过度紧张,经常失眠,没有食欲,课堂上提不起精神,注意力不能集中。一段时间之后,学习不仅没有进步,反而成绩急剧下滑。从此她沉默寡言,不愿与同学来往,情绪低、苦闷,认为自己变笨了,见到老师和同学连头也不敢抬,感觉大家都在嘲笑自己,想对父母说退学。由此求助。

　　请思考:你认为如何对小王进行心理危机干预?

一、心理治疗概述

(一) 心理治疗的概念

　　心理治疗是指建立在彼此良好关系的基础上,由经过专业训练的治疗者运用心理治疗的有关理论和技术,对来访者进行帮助的过程,以改善来访者的心理状态与适应方式,消除或缓解其症状和痛苦,促进其人格向健康、协调的方向发展。

　　在建立良好的治疗性关系的基础上,激发来访者的求助动机,调动和发掘来访者自身的潜能和积极性,是治疗的重要环节。

(二) 心理治疗的原则

　　每一种心理治疗方法都有其独特的理论体系和治疗手段,但所有的治疗方法都存在着普遍原则以确保治疗的效果。

　　1. 全面了解病人原则　治疗者首先热情地接待病人,然后进行深入的交谈和全面的身体检查,详细地分析检查结果,以了解病人的身体状况、人格特征、目前的心理状态和家庭、社会环境的影响等,为今后的治疗奠定基础。

　　2. 共同参与原则　心理治疗双方应当是一个合作同盟,有着共同的愿望和目的——使病人恢复心身健康,因此,建立良好的治疗性关系,调动病人的主观能动性和求治动机,使他们能更好地参与到治疗中来,对治疗具有重要的意义。

3. 对病人高度负责原则　一切从病人的疾病和利益出发,为他们提供最优质的服务,而不能从中牟取私利。

4. 综合治疗原则　心理疾病病人的病情比较复杂,心理治疗的方法多种多样,究竟采取哪种方法治疗哪种疾病,医生必须慎重全面地考虑,做到准确而又灵活地确定治疗方法。心理治疗并不排斥躯体治疗,心理治疗如能巧妙而又恰当地辅之以药物、理疗等治疗方法,往往可以取得更为理想的效果。

5. 保密原则　心理治疗往往涉及病人的隐私问题,在工作中坚持保密制度,这是作为一个心理治疗者应具备的基本职业道德。

二、临床常用的心理治疗方法

(一) 精神分析治疗

精神分析治疗是弗洛伊德(图9-1)创用的。

精神分析治疗的基本技术包括以下几种。

1. 自由联想　让病人斜卧在躺椅上,治疗者坐在侧后面病人看不到的地方。整个分析过程,治疗者不加暗示和引导,让病人自由地表达自己的思想和感受。然后治疗者引导和帮助病人疏导压抑的情绪,以排除其心理上的障碍。

2. 梦的分析　精神分析学派认为,梦是有意义的心理现象,梦是愿望的满足。通过对梦的分析,可以捕捉到压抑情绪的症结。

3. 移情　泛指病人对治疗者所产生的一种潜意识的爱与憎的情绪体验。换句话说,病人会在无意识中将治疗者当作自己爱过或恨过之人的替身。弗洛伊德把病人的这种表现叫

图9-1　弗洛伊德

作"移情"。表现为友好、爱慕并带有情爱成分的叫作正性移情,表现为拒绝、不满甚至把治疗者当成他痛恨的人,叫作负性移情。移情现象在心理分析中占有重要地位,只有能产生较明显移情的病人才能有治疗效果。治疗者在分析中要冷静地对待病人的情感转移,既要甘愿做替身,通过移情治疗疾病,又不能感情用事,超出正常的医患关系。

4. 阻抗　本质上是病人对心理治疗过程中自我暴露和自我变化的抵抗。它表现为对某种焦虑情绪的回避,或对某种痛苦经历的否认。有的病人故意迟到,记错治疗时间,做出一些刻板的动作或表现心不在焉的样子,或说话中断、叙述缓慢,或表现局促不安,等等。

弗洛伊德曾把这些现象叫作病人对治疗的阻抗。精神分析理论认为,阻抗对于心理治疗过程具有深刻的影响。人们只有加以积极地认识与控制,才能达到预期的治疗效果。相反,如果对阻抗现象不加理会或处理不当,心理治疗的进展与效果将会受到影响。

5. 解释　就是要揭示病人症状背后的潜意识动机,克服阻抗和移情的干扰,让被压抑的心理问题不断地通过自由联想和梦的分析暴露出来,使病人对其问题本质达到领悟。目的是让他们正视自己所回避的问题或尚未意识到的问题,从潜意识的内容变成意识的内容。解释是一个缓慢而又复杂的过程,要循序渐进,逐步深入,达到揭示问题实质的目的。

(二) 行为治疗

1. 概述　行为治疗是依据条件反射学说和社会学习理论改正人们不良行为的一种治疗方法。行为疗法认为,病态行为是在日常生活的经历中特别是在心理创伤体验中,通过学习并经条件反射固定下来的。因此,通过相反或替代内容的再学习可消除或纠正病态行为,建立正常而健康的行为。

2. 行为治疗的适应证

(1) 神经症:如强迫症、恐惧症、焦虑症。

(2) 成瘾:如药物成瘾、酒精依赖。

(3) 人格障碍的适应不良性行为:如反社会行为、怪癖行为。

(4) 儿童异常行为或成人的不良行为:如遗尿、口吃,赌博、吸烟。

(5) 心身疾病:如高血压病、冠状动脉粥样硬化性心脏病、哮喘、偏头疼及神经性厌食症。

(6) 各种生理功能障碍和行为异常:如阳痿、早泄、恋物癖。

3. 常用的行为治疗技术和方法

(1) 系统脱敏疗法:将致病因素由弱到强,由远而近,由短时到长时,逐渐反复而系统地与病人接触,使不良反应在这种条件下逐渐减弱,直至消除病态反应。实施步骤:首先划分等级层次,将引起病人焦虑或恐怖症状的相应情景由弱到强地排序。如对于恐猫症,可按恐惧的程度等级分为:看"猫"文字,听谈论猫,远处看猫,近处看猫,手触摸猫,直至能够抱猫。并依次进行放松训练,由低级到高级逐步全身放松,并使其放松状态能与不良反应相对抗,最后完成脱敏训练。如果在某一级反应过于强烈,应退回弱一级重新训练,直到不再出现反应心理为止。

(2) 冲击疗法:又称满灌疗法。即开始时就将病人暴露于他最不愿面对的情境中,即使反应强烈也不能离开,只要没有真正可怕的事情发生,劝说甚至命令病人坚持。一般在惧怕的情景中持续2小时,症状就会明显减轻直至消退。但也应注意一定要让病人明白无危险性且同意治疗。医生应在现场严密观察并适时终止。此方法可多次应用,逐渐延长暴露时间。这种疗法对冠心病、哮喘病等疾病

冲击疗法案例

患者不宜使用,以免过度强烈的心身反应加重病情。

(3)厌恶疗法:是将令病人厌恶的刺激与对其有吸引力的不良刺激相结合,形成条件反射,从而消退不良刺激对病人的吸引力,使之逐渐恢复正常行为的一种方法。常用的厌恶刺激有催吐、电击和言语训斥等。由于此疗法带给病人的是不愉快、甚至是痛苦的体验,因此应取得病人的同意。如在酗酒者的酒中加入催吐药,使其饮酒后承受恶心呕吐的痛苦抵消饮酒的快感,从而促成戒酒。这种方法也应是其他方法无效后的选择。

(4)松弛疗法:也称放松疗法。它是按照一定的程序有意识地调节或控制自身的心理生理功能,将全身紧张的肌肉松弛下来,以应付许多紧张不安、焦虑、气愤的情绪状态。具体做法是:病人坐在椅子上或躺在床上,双目半闭,注意力集中于身体各部分的肌肉,依次从手臂→头部→躯干→腿部放松,可起到全身放松的作用。气功、瑜伽、深呼吸、按摩等都与其有相似功能,共同的特点是松、静、自然。

(三)认知治疗

1. 概念　认知治疗是通过改变人的认知过程以及在这一过程中所产生的认识观念来改变不良的情绪和行为的一种心理治疗方法。认知治疗的理论认为,情绪和行为的产生依赖于个体对环境与事件的评价。如果个体的认知不合理,就会导致不适应行为和不良情绪,所以改变不良认知有助于不适应行为的转变和不良情绪的消失。

2. 常用的方法有:

(1)理性情绪疗法:此疗法的理论叫"ABC理论"(图9-2)。"A"指外界的刺激事件;"B"指个体遇到外界刺激后产生的认知评价;"C"指出现在个体身上的情绪和行为反应。一般情况下,人们往往认为情绪和行为反应直接由刺激引起,而忽略了起主要作用的认知评价。"ABC理论"则认为,刺激不能直接引起情绪和行为,而只能引起认知评价,认知评价才会引起情绪和行为,即认知评价是决定情绪与行为反应合适与否的关键。一个人长期处在不合理的认知评价与不良情绪之中,最终会导致情绪障碍。理性情绪疗法突出"B"对"C"的关键作用和积极的指导性语言,使个体认识到非理性的认知评价所产生的不良作用。通过各种训练使不良认知得到矫正,以理性思维代替非理性思维,达到治愈不良情绪和行为的目的。

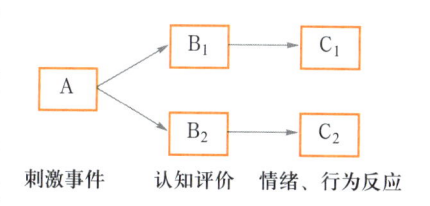

图9-2　ABC理论图

例如,甲、乙两个人在散步,迎面碰到二人都熟识的同学丙,但丙未与二人打招呼而径自走去。这一事实同时引起了甲、乙二人的注意,但二人对此事件的信念(即评价和解释)不同:甲认为丙可能正在想自己的事情没有注意到我们;乙则认为,丙不理睬我们是不友好的表现。信念不同二人的情绪反应也不同：甲认为这事没什么，因而情绪很平静；乙却愤愤不平，认为丙对自己有意见，因而对丙心怀怨恨，情绪波动很大。按照认知理论的解释，甲乙二人的不同情绪反应，其直接原因不是事件本身，而是二人对事件所持的不同信念：甲对人持宽容的信念和态度，使他更少受负性情绪的干扰；乙却苛求于人，这种信念易导致负性情绪的产生，使情绪起伏波动。心理治疗的着眼点是帮助他们建立理性思维，确立合理的信念，消除负性情绪。

(2) 贝克认知转变法：美国心理学家贝克认为，人的认知歪曲是导致情绪障碍的原因，通过改变病人的认知方式可以达到治疗效果。因此，治疗的重点在于改变被歪曲的认知和失调的行为，鼓励病人对自己的思想、行为、情感等因素进行分析，并使用各种方法达到纠正的目的。其矫正的方法有：① 帮助病人认识已存在的而自己又不能意识到的歪曲的固定思维。② 帮助病人找出各种问题的共同点并进行归纳。③ 同病人一起讨论其歪曲的认知，并鼓励病人调查与验证自己认知的正确性，使病人意识到错误并改正。④ 到客观环境中去消除自己的不良认知。如社交恐惧症患者，自以为是别人的注意中心，治疗方法是让其到人多的场合中去观察和记录别人注意自己的次数，得出的结果恰恰相反，就会对病人产生良好的治疗效果。⑤ 监测紧张和焦虑水平，使其认识到自身情绪的波动规律，并体会到实际焦虑水平达到高峰后自会慢慢降低和消退，从而增强控制焦虑的信心。

课堂互动

根据求助者和咨询师的对话，思考：如何运用认知疗法帮助这位求助者。

求助者：一进宿舍我就难受，待不下去。

咨询师：为什么会觉得难受呢？

求助者：所有的人都跟我过不去。

咨询师：可以说说是怎么回事吗？

求助者：我和上铺的同学以前发生过矛盾，所以现在他处处跟我作对，让我心里不痛快。

咨询师：那的确不好受。其他人也是这样对你吗？

求助者：仔细想想好像也不是，但是也不知为什么，我一进宿舍就会这么想，然后就觉得很压抑。

认知疗法主要适用于：各种类型的神经症、反应性精神障碍、行为障碍、心身疾病、人格障碍、性心理障碍等。

（四）以人为中心疗法

以人为中心疗法是美国心理学家罗杰斯所创建的一种心理治疗方法。它改变了心理分析理论和行为主义理论把人看作是消极的、被动的看法。它的治疗理论以来访者的成长潜能为焦点,是一种积极的心理治疗。

1. 以人为中心疗法的基本理论　以人为中心的心理治疗理论对人性的看法是积极乐观的,把人看作一个健全发展的人,而不是病态的人。罗杰斯认为,人有自我实现的倾向,这种实现倾向不但存在于人身上,而且存在于一切有机体,它体现了生命的本质。任何生物,只要被赋予了生命,它就一定会出现强烈生长的趋势。罗杰斯还认为,人都是有建设性和社会性的,是值得信任的,是可以合作的,人的这些特点是与生俱来的,而那些不好的特性,如欺骗、憎恨、残忍,则都是人对其成长的不利环境防御的结果。人的负面情绪,如愤怒、失望、悲痛,是由于人在爱与被爱、安全感、归属感等基本需要不能得到满足,遭遇挫折后而产生的,心理治疗只要为来访者提供足够的尊重和信任,他们就会依靠自己的能力发生改变,并不需要治疗者从其外部进行控制和指导。

罗杰斯还提出了关于自我概念的理论。自我概念是一个人对他自己的知觉和认识,是自我知觉和自我评价的统一体。在与环境和他人的交互作用中,个体发展出了关于对自己的知觉和认识及各种各样积极和消极的自我概念。自我概念并不总是与个体真实的自我相同,会出现自我概念与真实自我不一致的现象。当真实自我与自我概念协调一致时,人就达到了一种理想状态,达到自我实现。当自我经验、体验与自我概念发生冲突、不一致并被意识到时,个体便会出现焦虑,产生心理障碍。

自我经验和体验与自我概念不一致,主要源于自我概念受到外部文化因素的影响。当个体的行为是为了取悦他人、获得他人的赞扬,而不是根据自我需要和自我实现时,个体便把他人的价值观内化为自己的价值标准。一旦一个人的行为完全是为了得到别人的赞许或积极关注时,便会失去行动的指南,失去对自己真实感情的感受,从而不能判断哪些行为有助于成长,哪些行为会阻碍成长,而出现心理困惑和痛苦。

以人为中心疗法心理治疗的实质就是重建个体在自我概念与经验之间的和谐,或者说是达到个体人格的重建。

2. 以人为中心疗法的基本技术　在以人为中心的治疗中,主要有三种有助于建立良好关系、促进来访者心理成长的技术。

(1) 无条件尊重:无条件尊重是治疗者对来访者的基本态度,也是心理治疗的前提。无条件尊重是指治疗者对来访者丝毫不报任何企图和要求,对对方表示温暖和接纳。具体表现:全神贯注地聆听;对他们的问题和感情表示关注;把他们作为一个值得坦诚相待的人来对待;对他们要准确把握感情的投入,即能设身处地地理解、鼓励他们。

无条件尊重应当注意的是,尊重并不等于赞同。我们尊重来访者是尊重他们的人格,对于他们的痛苦和与社会规范不符合的行为,我们能够理解,并不表明我们赞同它们。相反,治疗者所要做的工作,正是要帮助他们改变这些情绪和行为。

(2) 真诚：真诚是罗杰斯以人为中心疗法的一个最重要的条件。真诚是指治疗者在治疗关系中是一个表里如一的真实的人，而不是在扮演角色，相反，他以真实的自己与来访者相处，是表里一致的。在治疗关系中，他是自发的、自由的，他所表现的就是真实的自己。

罗杰斯认为，真诚可以导致信任。在现实生活中，父母、老师不能真实地接纳孩子，他们只能接纳孩子在学习上的进步，不能接纳某一次考试成绩不理想，见到好成绩就喜形于色，见到差成绩就冷眼相对，甚至训斥或打骂。长此以往，孩子为了避免父母、老师的冷遇与惩罚便会做出种种的伪装，慢慢地变得不能接纳自己的失败，从而影响了个人的发展。而且孩子在成长过程中，不断见到大人们之间彼此的猜疑和虚伪，也逐渐不再相信人际关系中真诚的存在。当人们缺少了真诚时，常常要设法掩盖自己，这种自我的不统一必然会使人产生紧张、焦虑、恐惧的不良情绪，严重者还会由于对自我的否定而放弃生命。

当治疗者以一个真实的人与来访者相处时，会使他们看到一个真诚的人是多么自由、多么和谐，而且会对治疗者产生信任。这种信任，使来访者愿意放弃自己的自我防卫，愿意让治疗者进入他的内心世界。同时，也能够使来访者了解自己内心的真正的感受，学会真诚接受和对待自我。

如何表达真诚？在治疗过程中，治疗者适时地自我袒露，是一种真诚的表达。对于来访者的种种感受和情绪表现，如高兴、生气，治疗者应适时适度地与他们分享，这种分享可以使他们意识到包括治疗者在内，每个人都会有各种各样的情感体验。此外，表达真诚应当是建设性的表达。即治疗者表达出的真诚应当具有治疗意义，能够促进来访者的转变。那些具有破坏作用的，不利于来访者转变的感受不必表达。可以说，真诚要求治疗者表达的感受都是真实的，而真实的感受未必都要全部表达出来。

(3) 设身处地地理解：设身处地地理解又称共情，是指体验别人内心世界的能力。也就是治疗者能站在来访者的立场，用来访者的眼光看待他们的问题和情绪，体会这些问题和情绪对来访者的意义。共情反映了治疗者准确、敏捷地深入来访者的内心世界，在更深的层次上体验他们的感受和情感。

要做到共情，首先，治疗者要放下自己的主观参照标准，进行有效的聆听，和来访者一起踏上他情感的旅程，与他的体验同步而行。在这个过程中，治疗者不进行判断和评价。而是为了和来访者一起了解、体验隐藏在他内心深处的真实情感和感受，如他的愤怒、恐惧、迷茫等。不但要能够对来访者自己所感知的部分了解，而且能够透过来访者的语言和非语言的表达，了解到连他自己也不清楚、不确定的感受。其次，共情还包括治疗者能够通过语言把自己对来访者的感受有效地传达给对方。治疗者准确的语言表达，会使对方产生一种被读懂的感觉，使对方感到你能够理解他所经历的挫折与痛苦。共情的表达是沟通治疗者与来访者心灵的桥梁。随着治疗者共情的一次次准确表达，来访者对自我的探索也越来越深入，自我改变也就会随之发生。

（五）森田疗法

森田疗法是由日本学者森田正马(1874—1938)于1920年前后创立的一种针对神经质心理疾病的疗法。

1. 森田疗法的基本理论

(1) 疑病素质：即一种担心会患病的精神上的倾向性。具有疑病素质的人精神活动内向，自省力强，过分追求完美，对自己心身的活动状态及异常很敏感，被自我内省所束缚，总是担心自己的心身健康。他们容易对自己的死亡、疾病和苦恼等产生忧虑不安，且深信它们是眼前的事实，因而产生恐惧和苦恼。

(2) 生的欲望：生的欲望的含义包括：① 希望健康地生存；② 希望更好地生活，希望被人尊重；③ 求知欲强，肯努力；④ 希望成为伟大的、幸福的人；⑤ 希望向上发展。因此，生的欲望常被解释为向上发展的一种精神倾向。森田认为，生的欲望是人类本能的表现，是人人都有的一种表现。

具有神经质心理特点的人想将自己生的欲望达到一种完美的境界，这种苛求完美的理想主义是神经质人格的又一特征，表现是：在完成自己生的欲望的同时，绝对不能容忍丝毫的心身异常的出现，出现一种强迫性求全欲，甚至对自己内在的性格也非常不满，努力想成为一个完美的人，因而容易出现焦虑、神经过敏等倾向，同时由于克服这种焦虑的愿望也很强烈并由此陷入新的精神内部冲突之中，导致神经质症状的产生。

(3) 精神交互作用：是指因某种感觉偶尔引起注意集中和指向，这种感觉就会变得敏锐起来，而这一敏锐的感觉又会吸引注意进一步固着于这种感觉，感觉与注意交互作用，彼此促进，致使该感觉越发强大起来。

2. 森田疗法的治疗方法　森田疗法的实施主要采用三种方式：生活发现会、门诊森田治疗和住院森田治疗。

(1) 生活发现会：是一种以团体形式学习森田疗法理论的自动组织，其会员大部分是为神经质症所苦恼、但尚能坚持工作和日常生活的人们。通过聚会形式，大家一起学习森田理论，交流个人体会，起到互相启发、互相帮助、共同提高的作用，重点在于如何按照森田理论去行动。

(2) 门诊森田治疗：治疗对象主要是症状较轻，尚能适应社会生活的神经质心理患者。治疗主要采取一对一会谈的方式进行，治疗初期一般每周1~2次，随着治疗的进展，到治疗的后期，可延长治疗的间隔，采取每2周1次。疗程2~6个月。

(3) 住院森田治疗：住院森田治疗适用于症状较重、不能维持日常生活的人。住院治疗为患者提供一个全新的环境，使他们能够专心致志地接受治疗者的指导和帮助，以打破精神的交互作用,养成注重外在行动的生活态度,并最终获得对生活的新体验。

第三节 危机干预

案例导入

小张,中职三年级学生,在校勤奋努力,以综合排名第一的成绩来到理想的实习基地。实习工作任务繁重,虽常加班,但她却乐在其中,对未来充满期待。实习三个月来,小张在工作中没出过任何差错,可带教老师从没有表扬过她。反而是在学校成绩远不如她的小孟经常受到表扬,老师还把小孟安排在"重要"岗位。

小张不服气,她觉得带教老师欺负她,她想不明白,在学校那么优秀的自己,为什么到了工作中就一无是处了呢?她感到迷惑和情绪低落,工作中提不起精神,还常常迟到,一说上班就头疼。突然有一天,小张不见了,手机关机,怎么都联系不上,老师和同学到处找,终于在街上找到了游荡的小张。

请思考:如何对小张的心理状况进行干预?

一、危机干预概述

(一) 概念

危机是指人类个体或群体无法利用现有资源和惯常应对机制处理突发的事件和遭遇,致使当事人陷于痛苦不安的心身状态。常伴有绝望、麻木不仁、焦虑以及自主神经症状和行为障碍。危机干预是指针对处于危机状态的个人及时给予适当的心理援助,使之尽快摆脱困境。

(二) 危机产生的原因

危机产生的原因主要有主观和客观两个方面。个体的易感性是导致危机的主观原因,由于个体差异,人们对相同事件的反应各不相同,一些脆弱的易感人群(如儿童、老年人等)更容易产生强烈的应激反应,部分人甚至会罹患创伤后应激障碍(PTSD);危机产生的客观原因是个体或群体遭遇的各种突发性的严重事件,主要有:急性或严重的躯体疾病、突发的严重生活事件(亲人突然亡故、失恋、家庭破裂、性侵犯、破产、重大财产损失等)、突发公共卫生事件、社会动荡、严重自然灾害等。

知识拓展

什么是PTSD？

PTSD指创伤后应激障碍,是异乎寻常的威胁性或灾难心理创伤,导致延迟出现和长期持续的精神障碍,又称延迟性心因性反应。

PTSD通常在创伤事件发生3个月后出现(在这之前的被称为急性应激障碍),但也可能在事发后数个月至数年间延迟发作,引发创伤的事件包括战争、暴力犯罪、性侵害、严重交通意外、自然灾害、技术性灾难、成为难民、长期监禁与拷问等,罹患PTSD多为直接或接触创伤事件的幸存者、目击者与救援者。

PTSD的基本特征有:① 记忆痕迹深刻。PTSD病人的创伤记忆很容易被提取,并且有强烈的情绪和感觉,记忆的重现使病人仿佛又重新经历了一次创伤。② 陈述性记忆损害。即表现为闯入性记忆障碍。创伤性体验、和创伤事件有关的各种事物等记忆表象会不由自主地反复闯入病人的脑海,使其重新体验创伤的痛苦。和闯入性记忆相伴随的是警觉性增高症状,包括做噩梦、突然的惊恐反应和注意力不能集中等。而且闯入性记忆很容易自动地被反映创伤性事件的各种事物所触发。③ 非陈述性记忆损害,即空白性记忆障碍。就是在记忆过程中,信息编码受到抑制或提取功能受损。在症状方面表现为陈述性记忆损害、记忆不连贯或对创伤性事件的选择性遗忘。与此同时,PTSD病人的工作、记忆能力也会受到损害。

(三) 危机反应的阶段

每个人对严重事件都会有所反应,但不同的人对同一性质事件的反应强度及持续时间不同。一般的应对过程可分为三阶段。

第一阶段:立即反应。当事人表现麻木、否认或不相信。

第二阶段:完全反应。感到激动、焦虑、痛苦和愤怒,也可有罪恶感、退缩或抑郁。

第三阶段:消除阶段。接受事实并为将来做好计划。危机过程持续不会太久,如亲人或朋友突然死亡的居丧反应一般在6个月内消失。

二、危机干预对象与目的、原则、基本过程

(一) 对象与目的

危机干预的对象是遭遇突发事件并陷入痛苦不安状态的当事人,这些人不一定是"病

人"，更多的是正常的健康人。任何人在遇到非正常的危机事件后，都会产生相应的危机反应，即正常人在非正常的情境中出现的正常的应激反应。因此，危机干预人员的主要工作对象是正常人而非病人。

危机干预的基本目的是防止当事人由于痛苦体验所造成的危及自身或他人安全的情况发生。具体目标包括以下几种。

1. 防止过激行为　包括自杀、自伤或攻击行为等。

2. 促进交流与沟通　鼓励当事人充分表达自己的思想和情感，鼓励其自信心和树立正确的自我评价，提供适当建议，促使问题解决。

3. 提供适当医疗帮助，处理晕厥、情感休克或激惹状态。

（二）危机干预原则

1. 迅速确定要干预的问题，强调以目前的问题为主，并立即采取相应措施。
2. 必须有其家人或朋友参加危机干预。
3. 鼓励自信，不要让当事人产生依赖心理。
4. 把心理危机作为心理问题处理，而不要作为心理疾病进行处理。

（三）危机干预的基本过程

危机干预可遵循下述6个步骤进行。

1. 明确问题　从当事人角度确定心理危机问题，这一步特别需要使用倾听技术。
2. 保证当事人安全　把当事人对自己和他人的生理和心理伤害降低到最小的可能性。
3. 强调与当事人进行沟通与交流，积极、无条件地接纳受害者。
4. 提出并验证应对危机的变通方式　大多数当事人会认为已经无路可走，干预人员要帮助当事人了解更多问题解决的方式和途径，充分利用环境资源，采用各种积极应对方式，使用建设性的思维方式，最终确定能现实处理其境遇的适当选择。
5. 制订计划　在制订计划时，要充分考虑到当事人的自控能力和自主性，与当事人共同制订行动计划以克服其情绪失衡状态。
6. 获得承诺　回顾有关计划和行动方案，并从当事人那里得到诚实、直接的承诺，以便当事人能够坚持实施为其制定的危机干预方案。

知识拓展

关键事件应激报告法（CISD）

首先由Mitchell提出，最初是为维护应激事件救护工作者身心健康的干预措施，后被多次修改完善并推广使用，现已经开始用来干预遭受各种创伤的个人。

第三节 危机干预

干预通常在伤害事件发生的24小时内进行,一般需要2~3小时,分为7个阶段。

(1) 介绍小组成员和干预过程,与受害者建立相互信任关系。

(2) 要求所有受害者从自己的观察角度出发,提供危机事件中发生的一些具体事实。

(3) 鼓励受害者揭示出自己对有关事件的最初和最痛苦的想法,让情绪表露出来。

(4) 挖掘受害者在危机事件中最痛苦的一部分经历,鼓励他们承认并表达各自情感。

(5) 要求小组成员回顾各自在事件中的情感、行为、认知和躯体体验,以便对事件产生更深刻的认识。

(6) 要求受害者认识到,他们的应激反应是在非常压力之下正常、可理解的行为,并为他们提供一些如何促进整体健康的知识和技能。

(7) 总结修改有关应对策略和计划。

课堂互动

请思考:参考危机干预的基本流程,你认为如何对小张进行危机干预?

三、常见的心理危机及其干预

(一) 罹患躯体疾病

1. 急性疾病时的心理反应

(1) 焦虑:病人感到紧张、忧虑、不安。严重者感到大祸临头,伴发自主神经调节紊乱症状,如眩晕、心悸、多汗、震颤、恶心和大小便频繁,并可有交感神经系统亢进的体征,如血压升高、心率加快、面色潮红或发白、多汗、皮肤发冷、面部及其他部位肌肉紧张。

(2) 恐惧:病人对自身疾病,轻者感到担心和疑虑,重者惊恐不安。

(3) 抑郁:因心理压力可导致情绪低落、悲观绝望,对外界事物不感兴趣,言语减少,不愿与人交往,不思饮食,严重者出现自杀想法或行为。

2. 严重慢性疾病时的心理反应

(1) 抑郁:多数心情抑郁沮丧,尤其是性格内向的病人容易产生这类心理反应。可产生悲观厌世的想法,甚至出现自杀想法或行为。

(2) 性格改变:责怪他人,故意挑剔和常因小事勃然大怒。对躯体方面的微小变化过分敏感,常提出过高的治疗或照顾要求,易导致医患关系及家庭内人际关系紧张或恶化。

对罹患躯体疾病病人的心理干预原则应为积极的支持性心理治疗结合药物治疗,以最大限度减轻其痛苦,防止危及自身和他人的消极行为发生。选用药物时应考虑疾病的性质,以及病人的抑郁、焦虑情况。

157

(二) 恋爱关系破裂

部分失恋可引起极度的痛苦和愤懑情绪,个别失恋者甚至可能采取自杀行动,或者由爱生恨,采取攻击行为,攻击恋爱对象或"第三者"。干预原则为与当事人充分交谈,指出恋爱和感情不能勉强,也不值得殉情,而且肯定还有机会找到合适的恋人。同样,对拟采取攻击行为的当事人,应防止其攻击行为。指出这种行为的犯罪性质以及可能带来的严重后果。既要防止当事人自杀,也要阻止其采取鲁莽攻击行为。失恋引起的心理危机一般持续时间不长,给予适当的帮助和劝告可使当事人顺利渡过危机期,危机期过后相当长一段时间内,当事人可能认为世界上的异性都不可信,产生偏激的信念,但不会严重影响其生活,并且随着时间会逐渐淡化。

(三) 婚姻关系障碍

夫妻的感情破裂,导致离婚,如果双方都能接受,不会引起危机,否则可能引起危机。

1. 夫妻间暂时纠纷 如受当时情绪的影响使矛盾激化时,可能引发冲动行为,甚至身体伤害。干预原则为暂时分居,等待双方冷静思考并接受适当的心理辅导后,帮助他们解决问题,防止以后类似问题的重演。

2. 夫妻间长期纠纷 其原因包括彼此不信任、一方有外遇、受虐待、财产或经济纠纷等。这可以使双方,尤其是弱势一方产生头痛、失眠、食欲和体重下降、疲乏、心烦、情绪低落等,严重者出现自杀企图或行为。干预原则为尽量调解双方矛盾,否则离婚是必然结局。对有自杀企图者应预防其自杀,可给予适当药物改善睡眠、焦虑和抑郁。

(四) 亲人亡故的居丧反应

与死者关系越亲密的人,产生的悲伤反应越强烈。亲人如果是猝死或是意外死亡,引起的悲伤反应更重。

1. 急性反应 在获悉噩耗后陷于极度痛苦。严重者情感麻木或晕厥,也可出现呼吸困难或窒息感,或痛不欲生地哭叫,或者处于极度激动状态。干预原则为将晕厥者立即置于平卧位,并针对病情积极治疗。处于情感麻木或严重激动不安者,应给予适当药物使其进入睡眠状态。当居丧者清醒后,应表示同情,营造支持性气氛,科学地引导居丧者逐渐走出悲伤。

2. 悲伤反应 在居丧期出现焦虑、抑郁,或认为自己对待死者生前关心不够而感到自责或有罪,脑中常浮现死者的形象或出现幻觉,难以坚持日常活动,甚至不能料理日常生活,常伴有疲乏、失眠、食欲降低和其他胃肠道症状。严重者可产生自杀企图或行为。干预原则为让居丧者充分表达自己的情感,给予支持性心理治疗。改善其睡眠,减轻焦虑和抑郁情绪。对有自杀企图者应有专人监护。

3. 病理性居丧反应　如悲伤或抑郁情绪持续6个月以上，有明显的激动或迟钝性抑郁症状，自杀企图持续存在，存在幻觉、妄想、情感淡漠、惊恐发作，或活动过多而无悲伤情感，或行为草率或不负责任等。干预原则为适当的心理治疗和抗抑郁、抗焦虑等药物治疗。

（五）破产或重大经济损失

破产或重大经济损失可以使当事人极度悲伤和痛苦，感到万念俱灰而萌生自杀的想法，并可能进一步采取自杀行动。干预原则是与当事人进行充分交流：自杀并不能挽救已经产生的经济损失，只有通过再次努力才能重建生活。如果通过语言交流不能使当事人放弃自杀企图，应派专人监护，防止当事人采取自杀行动。渡过危机期后，当事人可能逐渐恢复信心，也可能在一段较长的时间里情绪低落、失眠、食欲降低或产生其他消化道症状，可给予支持性心理治疗和抗抑郁药物治疗。

（六）重要考试失败

对个人具有重要意义的考试失败可引起痛苦的情感体验，通常表现为退缩、不愿与人接触，严重者也可能采取自杀行动。干预原则为对企图自杀者采取措施予以防止。发生这类情况的大多是年轻人，可塑性大，危机过后大多能重新振作起来。

（七）晋升失败

晋升失败后主要是对将来感到悲观或觉得无脸见人，有时因愤懑情绪导致攻击行为，如认为自己的晋升失败是某人作梗所致，因而对其进行攻击伤害。干预原则为防止自杀和攻击行为，与当事人进行充分交谈，让其发泄自己的愤怒情绪，并给予适当的劝告。

单元测试

一、名词解释

1. 心理咨询　　2. 心理治疗　　3. 行为治疗

4. 认知治疗　　5. 危机干预

参考答案

二、单项选择题

1. 下列不属于心理咨询主要对象的是（　　）。

A. 精神正常却遇到了与心理有关现实问题的人群

B. 心理健康水平出现问题并请求帮助的人群

C. 因考试而焦虑、抑郁，请求帮助的人群

D. 精神不正常的人群

159

第九单元 心理咨询与心理治疗

E. 心理活动基本恢复正常的精神病病人

2. 对心理咨询的正确理解是（　　）。

A. 心理咨询可以解决任何心理疾病

B. 与心理有关的问题都应彻底解决

C. 心理咨询师要对能解决求助者的心理问题做承诺

D. 心理咨询师要对不能解决的问题提供指导意见

E. 心理咨询对某些问题不一定能起作用

3. 系统脱敏疗法的适应证为（　　）。

A. 恐惧症　　　　　　B. 抑郁症　　　　　　C. 溃疡病

D. 厌食症　　　　　　E. 躁狂症

4. 行为治疗的主要方法不包括（　　）。

A. 冲击疗法　　　　　B. 系统脱敏疗法　　　　C. 厌恶疗法

D. 理性情绪疗法　　　E. 松弛疗法

5. 适宜处理自杀危机的心理咨询方式为（　　）。

A. 面谈　　　　　　　B. 电话　　　　　　　　C. 信函

D. 专题　　　　　　　E. 团体

（钟锦铭）

第十单元

心理护理

心理护理

学习目标

1. 掌握：心理护理的程序和方法。
2. 熟悉：心理护理的概念。
3. 了解：心理护理的原则。

心理护理是"以人的健康为中心"的系统化整体护理的重要组成部分，并已成为现代护理模式的核心内容。心理护理强调运用心理学的理论和方法，紧密结合临床护理实际，充分发挥护理人员与病人密切接触的优势，开展对病人心理问题的研究，帮助病人解决各种心理问题。本单元讨论心理护理的主要内容，包括心理护理的概念、原则，心理护理工作的程序和方法，同时还对影响心理护理工作效果的因素进行了客观分析。通过心理护理工作不仅可以满足人类对健康的需求，而且能够更好地强化护理人员的职业素质、完善其个体人格。

第一节 概述

案例导入

"爱"与"痛"

一出生18个月的女婴，不幸遭受严重烧伤，烧伤面积达37%。入院后住隔离病房。开始几天该婴儿相当安静，但后来却开始大声哭叫，只要一看见医生或护士，就变得相当烦躁。有时护士不得不中止治疗，试图通过唱歌、摆弄玩具、交谈等来安慰她。结果，护

第十单元　心理护理

> 士越想给关爱,她就越强烈拒绝。心理学家对该婴儿的心理进行了分析。发现她还不能分辨"爱和痛",对她来说,护士的出现已经成为一种剧痛即将来临的信号。虽然护士的安慰可暂时缓解她的烦躁,但只要护士出现在病房门口,她就会把"痛"和护士联系起来,而不是把"爱"和护士联系起来。
>
> 请思考:试用条件反射的方法把刺激与关爱联系起来,以改变婴儿的心理状态。

一、心理护理的概念

心理护理指在护理全过程中,护理者以心理学理论为指导,运用各种心理学手段和途径,积极地影响以及改变护理对象的不良心理状态和行为,从而促进其康复或向健康方向发展的方法。心理护理的目的在于帮助护理对象解决存在的各种心理问题和适应新的社会角色,尽可能地为他们创造有利于治疗和康复的最佳心理状态。心理护理具有广泛性和情境性,个体性与社会性,心身统一性与心理能动性,可操作性与无止境性等特点。

二、心理护理的目的与任务

健康人患病后,由于病理变化和病痛的折磨,会出现各种各样的心理问题,社会适应能力下降,生活方式变化,产生特殊的心理需要。而且住院治疗又面临新的生活环境和人际关系适应问题,从而使病人心理压力增大,心理问题增多。因此,心理护理的主要目的就是:① 帮助病人适应医院门诊和住院病房的生活环境;② 帮助病人建立新的人际关系,适应新的生活环境;③ 帮助病人转变角色,认识并正确对待疾病;④ 帮助病人解除或减轻疾病过程中各种因素引起的消极情绪,调动病人的积极性,树立战胜疾病的信念,以积极的态度面对疾病。

心理护理的主要任务包括以下几种。

(1) 建立良好的护患关系。良好的护患关系可以获得病人对护士的高度信任,是做好心理护理的基本条件。

(2) 提供良好的心理环境,满足病人的合理需要。了解和分析病人的不同需要是进行心理护理工作的首要环节,创造一个使病人康复的心理环境是做好护理工作的前提。

(3) 消除不良情绪反应,提高病人的适应能力。护士应注意发现病人的不良情绪,及早采取各种措施。消除病人紧张焦虑的情绪是心理护理工作的关键;调动病人战胜疾病的主观能动性是心理护理的目标。

(4) 使病人学会自我护理。在心理护理中,护士是病人的引导者,病人在转归至治愈的各个环节,都离不开护士的心理引导。

三、心理护理的原则

(一) 交往性原则

心理护理的方法和技术,如心理沟通、心理咨询、心理治疗、心理评估,都是在交往的基础上进行的。交往在某种程度上是为了交流情感、协调关系、满足护理对象的心理需要,消除不良的心理反应,有利于医疗护理工作的顺利进行。心理护理过程中,护士的主导性交流非常重要。协调好医疗中的各种关系,让病人在宽松的、充满支持与关怀的环境中接受治疗与护理是做好心理护理的前提。

(二) 服务性原则

随着医学模式的转变和护理学的发展,护理模式已由以"病"为中心的"功能制护理"转变为以"人的需要"为中心的"整体护理",因此心理护理是以医院为中心而兼顾社会、家庭、社区,对病人提供全面的综合性服务。

(三) 针对性原则

心理护理过程中,要针对护理对象的生活经历、心理特征、所患疾病和文化素质等个体差异,具体问题具体分析,采取不同的方法和对策,强调个性化心理护理。

(四) 自我护理的原则

自我护理是1971年奥瑞姆提出的护理理论,这是一种为了自己的生存、健康及舒适所进行的自我实践活动。良好的自我护理被认为是心理健康的表现,坚持自我护理和争取自理权的病人,比那些由护士代劳的病人疾病恢复要快得多。病人在医护人员的帮助下,以平等的地位参与对自身的医疗活动,改变了过去被动接受护理的消极依赖行为,有助于提高病人的自尊、自信及满足病人的心理需求,促进病人的心理健康。

新时代护士的职业素养

第十单元　心理护理

第二节
心理护理的程序与方法

> **案例导入**
>
> 某学校教师,女,43岁,任毕业班班主任,近期因病入院,她情绪低落,暗自落泪,不愿和周围人说话,整天忧心忡忡,对自己带的毕业班学生放心不下,又担心家里孩子和老人没人照顾,没有食欲,入睡困难,有时失眠,叨叨着要出院,不愿接受手术治疗建议。
>
> 请思考:面对陷入疾病困扰的患者,我们该如何实施心理护理?

一、心理护理程序

心理护理的实施程序,也是心理护理的实施步骤,是一个连续的、动态的过程,可因人而异,灵活运用,归纳起来主要包括六个环节。

(一) 建立良好的护患关系

在心理护理程序中首先建立良好的护患关系,并不是说实施心理护理一定要在建立了良好的护患关系之后,而是强调良好的护患关系对心理护理效果的重要性。要把建立良好的护患关系放在头等重要位置,并贯穿心理护理过程的始终。

(二) 全面采集心理信息,客观、量化地进行心理评定

1. 采集病人心理信息　通常与收集病人的其他临床资料同时进行。
2. 进行心理测评　要对千差万别的病人的心理状态实施准确评估,需酌情选用不同的测定方法和心理测评工具,才能客观地分析出病人心理问题的性质、程度和主要原因,以便据此采用有的放矢的心理护理对策。其评定结果,应为既可以反映某些特殊疾病过程中病人心理反应的共性规律,又可以较好地甄别病人的个性特征。根据病人心理问题的特点,可分别选用人格量表、情绪量表、需要问卷、疾病认知等测评工具。

(三) 确定病人的基本心态

1. 对病人心态进行分类　确定病人的基本心理状态,有益于减少实施心理护理的盲

目性。可从两个方面加以考虑：一是确定病人的基本心理状态，从总体判断上大致划分为"好、中、差"几种状态，重点分析病人占主导地位的、具有本质特征的消极心态。判定其是否存在"焦虑、抑郁、恐惧、担忧等"负性情绪。二是确定病人消极心态的基本强度，用"轻度、中度、重度"加以区分。

2. 明确病人心态　明确病人心理状态，就如同对病人的临床病症进行确诊一样，越具体、越清晰，越有利于对病人基本心态的掌握。如严重焦虑的含义比较含糊、笼统，会使不同护士对它产生理解上的差异。而量化的焦虑值评定，则可以帮助护士比较确切地掌握病人焦虑情绪状态的严重程度，酌情积极采取相应的对策。此外，对病人的焦虑值进行再次量化评定的结果，也可作为心理护理的实施效果的较客观、较公正的评价依据。

（四）分析主要原因和影响因素

1. 确定病人的个性类型　个体在遭遇疾病、意外等挫折时，所产生心理反应的强度及采取的应对方式，往往主要取决于个体的性格类型；而他们所患疾病的性质、程度等因素的影响，则处于次要地位。

2. 分析影响病人心态的心理社会因素　有些人认为，患有同类疾病且背景基本相似的病人，可以采取同一种心理护理方法，其实不然，看似情形相似的病人，可因其自身个性的差异，导致心理状态的性质、程度等方面的截然不同。因此，在选择心理干预对策前，必须对导致病人消极心态的基本原因和主要影响因素进行分析。

（五）选择适宜对策

1. 优先考虑共性规律　病人的心理状态是个性与共性的对立统一，首先要考虑病人心理状态的共性规律，然后再结合病人的个性特征，确定实施心理护理的总体原则。

2. 规范化护理　如为病人做各种解释时，使用统一、规范的语言，就可避免因护士各自的职业阅历、工作经验等因素所导致的对病人的不同影响。

（六）评价心理护理效果，制订新的方案

1. 综合性评价心理护理效果　包括病人的主观体验和病人身心康复的客观指标，即生理指标和心理指标。为了更能说明问题，可设置实验组和对照组，使结果具有可比性。要建立起一套心理护理效果的评价体系，有规范统一的评定标准。

2. 制订确定下一阶段工作方案　护士还需在心理护理效果评定的基础上，对前阶段心理护理的实施做出小结，并能根据不同的结果，制订新的方案。

第十单元　心理护理

> 📖 **知识拓展**
>
> ### 心理护理理念倡导者——南丁格尔
>
> 　　南丁格尔（图 10-1）认为，疾病康复是一个身体"修复过程"。为了保持或恢复健康，治疗或预防疾病，护理应为病人创造良好的环境，并要区分护理病人与护理疾病之间的差别，把病人当作身心整体对待。她在《护理札记》中写道："护士的工作对象不是冰冷的石块、木头和纸片，而是有热血和生命的人类。"这表明了南丁格尔十分重视病人的心理因素。
>
> 　　她认为，护理学的概念是"担负保护人们健康的职责以及护理病人使其处于最佳状态"。在南丁格尔任伦敦妇女医院院长时她就明确提出：护士除救治病人外，还要求做好其他护理工作，如使病房空气新鲜，环境舒适，整洁安静，做好生活护理，饮食护理，增加营养等工作。她对病人饮食的营养问题，阳光、病房空气、环境的绝对安静等都提出了具体要求和工作标准。她十分重视病人在护理不同阶段的心理因素，甚至要求"社会工作者，牧师和管理人员共同配合护理病人。"
>
> 图 10-1　南丁格尔

二、心理护理的方法

（一）促进病友间的良好人际交往

病友间良好的人际交往可以使病人从中了解一定的医学知识、住院生活规律，彼此间相互帮助、照顾，这对增进病人之间的友谊、消除不安的情绪是极为有利的。护士对这些良好的人际交往应加以鼓励和促进，但病友中也存在一些不良情绪，应防止其蔓延。对病情轻重程度不同的病人应尽量分别安置，避免不良情绪的相互干扰。

新冠肺炎的心理护理

（二）重视并争取家属和亲友的配合

家属和亲友的言语、举止和情绪直接影响着病人，其良好的情绪能给病人以安慰和支持；不良的情绪则对病人是一个恶性刺激。因此，护士在实施心理护理的同时，应对其家属亲友进行保护性医疗制度的宣传，使之懂得自己的情绪可以影响病人、影响治疗，故不论遇到什么情况，都应保持沉着、冷静；要和颜悦色地给病人以安慰、鼓励和支持。

（三）加强护理知识健康教育

对疾病的认识和态度，影响着病人的心理和生理状态。护士除通过自己的言行、神态去改变病人的心理状态和行为外，还应加强护理知识健康教育。通过讲座或讨论等方法，以通俗易懂的言语，结合病人的病情和症状，深入浅出地讲解有关疾病的知识。邀请已治愈或在治疗上取得显著效果的病人谈自己的切身体验。开展健康教育可以帮助病人正确认识疾病，掌握疾病发生发展的规律，解除因对疾病缺乏正确认识而产生的焦虑、恐惧、忧郁等不良情绪，充分发挥病人与疾病作斗争的主观能动性。

（四）改善环境，合理安排生活

环境直接影响着病人的心理活动。优美舒适的环境对病人的心理产生良好的影响，使人心情舒畅、精力充沛，增进健康。病房是病人诊疗、休养的场所，应保持安静，避免噪声，色调柔和，阳光充足，空气新鲜，室内陈设整齐、清洁、美观，注意室内外的绿化，使病人生活在优美的环境中。

除改善病人的休养环境之外，还应合理安排病室生活制度，指导和帮助病人进行适当的自我护理，加速病人对医院环境及住院生活的适应，逐步恢复其自理能力和心理平衡，以增强病人战胜疾病的信心。如通过适当的娱乐、阅读等以转移病人对疾病的注意力；手术后病人早期安排下床活动，以促进血液循环带动健康心理反应。

（五）合理使用心理疗法

心理疗法在护理工作中被广泛应用，常用的是心理治疗中的心理支持疗法。这种疗法是通过对病人进行心理上的安慰、支持、劝解、保证、疏导和环境调整等方法，达到治疗的目的，可以在日常护理工作中进行，也可以在为病人提供心理咨询服务的过程进行。此外，也可采用示范法、系统脱敏疗法、合理情绪疗法等一系列的心理治疗方法。

请你为高血压病人制订一份心理护理计划

单元测试

一、名词解释

心理护理

二、单项选择题

1. 下列哪项不属于心理护理的方法？（　　）

A. 促进病友间的良好人际交往　　　B. 加强用药知识的教育

C. 改善环境，合理安排生活　　　　D. 重视并争取家属亲友的配合

参考答案

167

E. 合理使用心理治疗

2. 护理模式由以疾病为中心的功能制护理转变为以人的需要为中心的整体护理,体现了心理护理的什么原则?(   )

A. 自我护理的原则　　B. 针对性原则　　C. 服务性原则
D. 交往性原则　　　　E. 共同性原则

3. 在选择心理干预对策前,必须对导致病人消极心态的基本原因和主要影响因素进行分析,这属于心理护理程序的(   )环节。

A. 建立良好的护患关系　　B. 全面采集心理信息,客观、量化地进行心理评定
C. 确定病人的基本心态　　D. 分析主要原因和影响因素
E. 选择适宜对策

(刘　巧)

郑重声明

高等教育出版社依法对本书享有专有出版权。任何未经许可的复制、销售行为均违反《中华人民共和国著作权法》，其行为人将承担相应的民事责任和行政责任；构成犯罪的，将被依法追究刑事责任。为了维护市场秩序，保护读者的合法权益，避免读者误用盗版书造成不良后果，我社将配合行政执法部门和司法机关对违法犯罪的单位和个人进行严厉打击。社会各界人士如发现上述侵权行为，希望及时举报，我社将奖励举报有功人员。

反盗版举报电话　（010）58581999　58582371

反盗版举报邮箱　dd@hep.com.cn

通信地址　北京市西城区德外大街4号　高等教育出版社法律事务部

邮政编码　100120

读者意见反馈

为收集对教材的意见建议，进一步完善教材编写并做好服务工作，读者可将对本教材的意见建议通过如下渠道反馈至我社。

咨询电话　400-810-0598

反馈邮箱　zz_dzyj@pub.hep.cn

通信地址　北京市朝阳区惠新东街4号富盛大厦1座

　　　　　高等教育出版社总编辑办公室

邮政编码　100029

防伪查询说明

用户购书后刮开封底防伪涂层，使用手机微信等软件扫描二维码，会跳转至防伪查询网页，获得所购图书详细信息。

防伪客服电话

（010）58582300

学习卡账号使用说明

一、注册/登录

访问http://abook.hep.com.cn/sve，点击"注册"，在注册页面输入用户名、密码及常用的邮箱进行注册。已注册的用户直接输入用户名和密码登录即可进入"我的课程"页面。

二、课程绑定

点击"我的课程"页面右上方"绑定课程"，在"明码"框中正确输入教材封底防伪标签上的20位数字，点击"确定"完成课程绑定。

三、访问课程

在"正在学习"列表中选择已绑定的课程，点击"进入课程"即可浏览或下载与本书配套的课程资源。刚绑定的课程请在"申请学习"列表中选择相应课程并点击"进入课程"。

如有账号问题，请发邮件至：4a_admin_zz@pub.hep.cn。